W0316816

Cooper • Hit and Run Strategien

Im FinanzBuch Verlag sind aus der Reihe
Börse Online edition bisher erschienen:

Dr. Alexander Elder
Die Formel für Ihren Börsenerfolg
Strategien, Money Management, Psychologie
ISBN: 3-932114-13-2

Howard Abell
Erfolgsrezept Day Trading
Schnelle Gewinne an schnellen Märkten
ISBN: 3-932114-18-3

Anthony M. Gallea & William Patalon III
Antizyklisch Investieren
Gewinne gegen den Strom
ISBN: 3-932114-22-1

Joachim Goldberg & Rüdiger von Nitzsch
Behavioral Finance
Gewinnen mit Kompetenz
ISBN: 3-932114-31-0

Horst Fugger
Handbuch der erfolgreichen Aktienanlage
Grundlagen, Bewertung, Strategien
ISBN: 3-932114-30-2

Jeff Cooper

Hit and Run Strategien

Präzises Timing für Day Trader und Kurzfrist-Anleger

FinanzBuch Verlag München

Copyright © der Originalausgabe M. Gordon Publishing Group. Erschienen unter dem Titel Hit and Run Trading

Aus dem Amerikanischen von
Arnold Oberndorfer

Gesamtbearbeitung: Michael Volk, München
Redaktionelle Mitarbeit: Dirk Reichmann
Druck: Wiener Verlag GmbH, Himberg
Umschlaggestaltung: Markus Jürgens

2. Auflage Januar 2000
© 1999 by FinanzBuch Verlag GmbH München
Landshuter Allee 61 • 80637 München
Tel.: 089/65 12 85-0 • Fax: 089/65 20 96
e-Mail: cooper@finanzverlag.com

Alle Rechte, einschließlich derjenigen des auszugsweisen Abdrucks sowie der photomechanischen Wiedergabe, vorbehalten.
Dieses Buch will keine spezifischen Anlageempfehlungen geben und enthält lediglich allgemeine Hinweise. Autor, Herausgeber und die zitierten Quellen haften nicht für etwaige Verluste, die aufgrund der Umsetzung ihrer Gedanken und Ideen entstehen.

ISBN 3-932114-26-4

Für mehr Bücher: www.finanzverlag.com

Übersicht

Kapitel 1

DIE ERÖFFNUNGSGLOCKE

Es geht nicht darum, ob du niedergeschlagen wirst,
es geht darum, ob du dich wieder erholen kannst.
Vince Lombardi

In den späten fünfziger Jahren lebte mein Vater den amerikanischen Traum. Er war 42 Jahre alt, hatte für einige Millionen Dollar sein Textilunternehmen verkauft und sich zu Ruhe gesetzt. Er verbrachte mit seiner Frau und seinen zwei Kindern ein schönes Leben in Beverly Hills. Um sich zu beschäftigen, investierte er in Aktien.

Broker pflegten meinen Vater zwei-, drei-, viermal pro Tag mit ihren "Investmentideen" anzurufen: "Jack, Bethlehem Steel schaut gut aus, ... Jack, mir gefallen die Autos, ... Jack, was hältst du davon, wenn wir Woolworth kaufen und sie für zwanzig Jahre ins Depot legen?" Nachdem mein Vater sein Geld investiert hatte, stellten ihm die Broker eine neue Investmenttechnik vor: Margin (Einschuss). "Jack, wir könnten die doppelte Menge an Firmen kaufen, wenn wir die Aktien in deinem Portefeuille belehnen. Du kannst doppelt so viel Geld machen, wenn der Markt nach oben geht. Du weißt, Aktien steigen immer, wenn du sie nur lange genug hältst."

Das erschien für meinen Vater sinnvoll, und er folgte dieser Strategie. Im Mai 1962 ging er bankrott. An dem Tag, als meine Mutter wegen ihres Krebsleidens operiert wurde, liquidierten jene Broker, die meinem Vater erklärt hatten, dass Aktien immer steigen, wenn sie nur lange genug gehalten werden, sein Depot, um den Einschussforderungen nachzukommen. Nicht nur das gesamte Familienvermögen war verloren, sondern wir schuldeten dem Brokerhaus auch noch Geld. Das war meine erste Erfahrung mit Kauf- und Halte-Strategien, die heutzutage erneut sehr populär sind.

Meine Familie packte das Umzugsauto. Wir waren gezwungen, wieder zurück in den Osten zu ziehen. Das war schwer genug, aber das Schicksal meinte es noch schlechter mit meinem Vater. Unser Umzugsauto fing Feuer, und all unser Besitz wurde zerstört.

Es gibt ein alte Weisheit, dass ein Hund, der geschlagen wird, eine von zwei Möglichkeiten wählt. Entweder er gibt auf und überantwortet sich seinem Gegenüber oder er beißt zurück. Letzteres trifft auf meinen Vater zu. Innerhalb von fünf Jahren schuf er ein neues Multimillionen-Dollar-Textilunternehmen und verkaufte es erneut. Die Cooper-Familie konnte wieder singen, "California here we come, just back where we started from..."

Mit dem Ziel vor Augen, das verlorene Geld zurückzutraden, entwickelte mein Vater eine Methode, die eben nicht einer Kauf- und Halte-Strategie entsprach. Nach viel Researcharbeit entdeckte er, dass das gewinnbringendste Spiel der Kauf von "heißen" Neuemissionen oder von zusätzlichen, im Rahmen einer Kapitalerhöhung ausgegebenen Aktien ist, die er dann nach einer kurzer Zeit wieder mit einem kleinen Gewinn glattstellte. Innerhalb weniger Jahre war mein Vater in diesem Bereich nicht nur der größte Spieler an der Wall Street, sondern er hatte sein gesamtes Geld, das er 1962 verloren hatte, wieder zurückgewonnen. Einige Jahre später setzte er sich mit noch einigen Millionen mehr zur Ruhe.

In den frühen achtziger Jahren, als ich ein kleines Unternehmen gegründet und danach wieder verkauft hatte, verspürte ich den Drang, an die Wall Street zu gehen. Nach einem sechsmonatigen Aufenthalt bei Drexel-Burnham machte ich mich selbständig und versuchte den Erfolg meines Vaters im IPO-Markt zu wiederholen. Zu meinem Pech hatten sich die Regeln nun geändert. Mutual Funds (offene Investmentfonds) waren die Günstlinge der Brokerhäuser bei der Zuteilung von Neuemissionen, und ich erhielt nur eine so kleine Menge, dass mir schnell klar wurde, dadurch niemals ein annehmbares Leben führen zu können. Daher entschloss ich mich, die Märkte zu studieren – und siehe da, 1987 kam ich als Kauf- und Halte-Investor groß raus. Ich kann mich gut an die Anrufe von Brokern erinnern. "Hey Jeff, *Enzobiochem Information Systems Technologies* wird dieses Jahr 0,30 Dollar verdienen, nächstes Jahr 2,00 Dollar und im übernächsten 15,00 Dollar. Und obwohl die Aktie bei dem Hundertfachen des Gewinns notiert, hat sie sich im Vergleich zu 1989 nur verdoppelt. Sie ist ein Geschenk!" Und wie die steigende Flut alle Schiffe anhebt, lässt ein steigender Bullenmarkt alle Aktien steigen. Ich machte gute Gewinne bis Oktober 1987, als der Kauf- und Halte-Fluch das nächste Mitglied der Cooper-Familie ereilte. Glücklicherweise ging ich nicht bankrott, aber ich wurde hart getroffen und erhielt eine bittere Lektion. Genauso wie mein Vater zwanzig Jahre früher, begab ich mich auf die Suche nach einer Methode, den Aktienmarkt zu schlagen.

Nun ist es neun Jahre später und ich kann mit Überzeugung sagen, dass meine Suche erfolgreich war. Ich verdiene meinen Unterhalt, indem ich Aktien handle und – noch wichtiger – ich handle sie sowohl von der Longseite als auch von der Shortseite. Sollten wir in einen Bärenmarkt übergehen, weiß ich, dass es keinen Einfluss auf mein Einkommen hat und ich einer von wenigen Spielern da draußen bin, deren Lebensstil sich nicht ändern wird.

Meine Strategien sind einfach und kurz gehalten. Sie drehen sich um das Kursverhalten und um die Idee, dass Aktien, die in

Bewegung sind, auch in Bewegung bleiben – zumindest für einen kurzen Zeitraum (von einigen Minuten bis zu einigen Tagen). Meine Techniken sind die Krönung aus fünfzehn Jahren Beobachten, Testen und – viel wichtiger – von tatsächlichen Ergebnissen. Im Gegensatz zu dem, was viele andere Autoren von Investmentbüchern über ihre Strategien glauben machen wollen, sind meine Techniken nicht perfekt (nicht einmal annähernd). Sie geben mir allerdings einen Vorteil – und dieser Vorteil, kombiniert mit guter Risikokontrolle, erlaubt mir ein bequemes Leben.

Bevor wir zu den Kapiteln kommen, in denen ich meine Trading-Strategien beschreibe, müssen wir zuerst den Hintergrund und die Regeln bearbeiten, die Sie wissen müssen, um meine Methoden richtig zu handeln. Ich empfehle, dass Sie dem Kapitel 4 besondere Aufmerksamkeit widmen. Das ist das Kapitel, das Ihnen hilft, die richtigen Aktien für Ihr Trading herauszufiltern, und ich betrachte das als das Herzstück meines Erfolgs.

Zum Schluss: Mein Ziel ist es, mit dem Schreiben dieses Buches eine Hand voll von kurzfristigen, mit geringem Risiko versehenen Einstiegsmustern zu lehren. Diese Muster erlauben es Ihnen, das Desaster, das mit Kaufen und Halten verbunden ist, zu vermeiden, und gibt Ihnen ein Set von Werkzeugen, das Sie für den Rest Ihres Lebens gewinnbringend im Aktienmarkt einsetzen können. Nachdem Sie dieses Buch studiert haben, bin ich überzeugt, Sie werden feststellen, dass ich meine Mission erfüllt habe.

Kapitel 2

Bezeichnungen, die Sie kennen sollten, bevor wir beginnen

Ich sollte Vermutungen nicht mit Gewissheiten vermischen.
Sir Isaac Newton

Bevor wir zu meiner Favoritenliste und meinen Handelsstrategien kommen, ist es das Beste, die Definitionen der verwendeten Bezeichnungen zu besprechen.

ADX • Eine mathematische Formel, die zur Messung der Stärke eines Trends verwendet wird. Ein Wert über 30 bedeutet, dass die Aktie einen starken Trend besitzt. Beachten Sie, dass ein Abwärtstrend wie auch ein Aufwärtstrend einen hohen ADX-Wert erzeugen kann (für die Formeln siehe Anhang 5).

Ask • "Brief". Der niedrigste Kurs einer Aktie, für den Verkäufer bereit sind, die Aktie zu verkaufen.

Ausbruch (Breakout) • Eine Aktie, die oberhalb eines früheren Hochs notiert.

Balkenchart • Ein Balkenchart zeigt die Handelsspanne (Tageshoch minus Tagestief) des Handelstages – seine Eröffnung, sein Hoch, sein Tief, seinen Schlusskurs. Eröffnet zum Beispiel eine Aktie bei 65 und fällt bis auf ein Tief von 64, um daraufhin bis auf ein Hoch von 66 zu steigen und zuletzt bei 65 zu schließen, dann würde ein Balkenchart wie folgt aussehen:

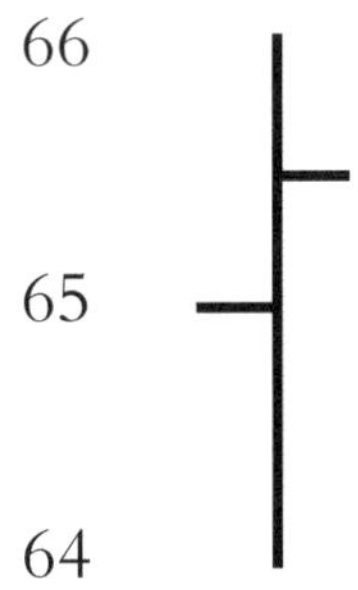

Bid • "Geld". Der höchste Kurs, den Käufer gewillt sind, für eine Aktie zu bezahlen.

+DI, -DI • Ein Begleitindikator zum ADX. Der ADX misst die Stärke des Trends. +DI und –DI zeigen die Richtung des Trends auf. Wenn eine Aktie ansteigt, dann ist der +DI-Wert höher als der entsprechende –DI-Wert und vice versa (für die Formeln siehe Anhang 5).

Durchbruch (Breakdown) • Eine Aktie, die unterhalb eines zuvor ausgebildeten Tiefs notiert.

Gap (Kurslücke) • Ein Gap entsteht, wenn die Eröffnung sich oberhalb oder unterhalb des Vortageshochs oder -tiefs befindet.

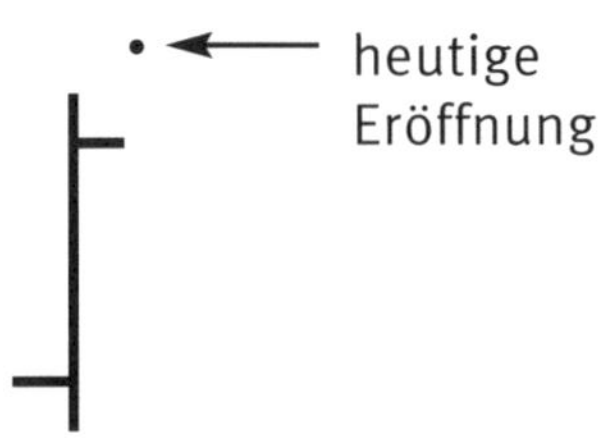

Gleitender Durchschnitt • Der Durchschnitt der Schlusskurse von x Tagen. Der 10-Tage-Durchschnitt ist zum Beispiel der Durchschnitt aus den Schlusskursen der letzten zehn Handelssitzungen

Inside Day • Das Tageshoch ist gleich oder kleiner dem Vortageshandelshoch, und das Tagestief ist gleich oder größer dem Vortageshandelstief.

Kursbeständigkeit • Die Bewegung des Marktes in eine Richtung. Zum Beispiel handelt eine Aktie höher, ...und morgen wieder höher und den nächsten Tag wieder, etc.

Relative Stärke • Stellt in Prozenten dar, wieviele andere Aktien durch diese Aktie in ihrem Kursverhalten über die letzten zwölf Monate übertroffen wurden. Je höher die Zahl, desto fester ist eine Aktie und vice versa.

Stop • Ein Auftrag, sofort zu kaufen oder zu verkaufen, wenn der Markt diesen bestimmten Kurs erreicht oder durchbricht.

Umkehr • Eine Aktie steigt an, ändert dann die Richtung und fällt (und vice versa).

Zusätzliche Aktien • Eine Aktiengesellschaft gibt im Rahmen einer Kapitalerhöhung zusätzliche Aktien aus.

Kapitel 3

Regeln wurden erfunden, um sie zu brechen – ausgenommen diese

Ich gründe meine Berechnungen auf die Erwartung, dass das Glück gegen mich sein wird.
Napoleon

1. Das Money Management ist wichtiger als sämtliche Einstiegsstrategien. Das bedeutet, Verluste auf ein Minimum zu reduzieren. Meiner Ansicht nach – und unglücklicherweise auch meiner Erfahrung nach – waren 98 Prozent aller großen Verluste ursprünglich kleine Verluste. Diese Tatsache muss sich in Ihrer Psyche verwurzeln! Ein nicht zu großer Umfang an Positionen in Verbindung mit der Verwaltung von Stop-Loss-Kursen zur Verlustbegrenzung steigert den Gewinn, während das Risiko sinkt.

2. Die Trendregeln! Ungefähr 90 Prozent der Zeit handle ich in die Richtung eines Marktes mit starkem Trend. Dieser wird durch den ADX, die Relative Stärke, New Highs/New Lows (Neue Hochs/Neue Tiefs) und den Gleitenden Durchschnitten bestimmt (siehe Kapitel 4).

3. Empfehlungen sind wichtig. Ich habe nicht die Geduld, darauf zu warten, dass die Wall Street die nächste Microsoft-Aktie entdeckt. Ich handle jene Aktien, die in wachstumsorientierten Fonds gelistet werden. Sowohl Louis Navelliers Börsenbrief *MPT Review* als auch *Investor's Business Daily* leisten vorzügliche Arbeit, um herauszufinden, welche Aktien sich steigender Beliebtheit (Kaufinteresse an einer Aktie von Seiten großer Investoren) erfreuen und welche Aktien weniger empfohlen werden (mehr darüber in Kapitel 4).

4. Ich beginne jeden Tag bei Null. Das bedeutet, dass ich jede Position, die sich nicht zu meinen Gunsten entwickelt, sofort abstoße. Das reduziert mein Gesamtrisiko und erlaubt mir, meine Gewinne abzusichern.

5. Vergessen Sie niemals: Je länger eine Position gehalten wird, desto mehr kann schief gehen.

6. Wegen der hohen Kosten dieser Art Trading, muss die Kommission auf ein Minimum reduziert werden. Sie werden es schwer haben, ihre Gewinne zu maximieren, wenn Sie mehr als 6 Cents/Aktie bezahlen.

7. Die meisten Broker sind ehrliche Menschen. Unglücklicherweise haben viele – nicht alle – keine Ahnung. Daher treffe ich alle meine Entscheidungen selbst.

8. Trading ist ein ernst zu nehmendes Geschäft. Wenn Sie einen Einzelhandelsladen eröffnen wollen, brauchen Sie eine Kasse, Telefon, etc. Das Gleiche gilt auch für das Trading. Ich empfehle Ihnen den besten Datenanbieter, die beste Hardware, die beste Handelssoftware..., die Sie sich leisten können. Merken Sie sich, dass Sie gegen Hunderte von Brokerhäusern und Tausende von Tradern antreten, die mit Geräten auf dem neuesten Stand der Technik ausgerüstet sind.

9. Insgesamt macht es Spaß, über die Richtung des Aktienmarktes nachzudenken, vorhersehbar ist er aber, wenn überhaupt, nur an wenigen Tagen. Meine Strategien gründen sich auf kurzfristige Faktoren und nicht auf makroökonomische Aussichten.

10. Für die meisten meiner Handelsentscheidungen vertraue ich auf die technische Analyse und die Mustererkennung. Fundamentale Faktoren, sofern sie in Betracht gezogen werden, sind wichtig, aber niemals derart wie technische Faktoren.

11. Ich bereite mich für den nächsten Handelstag am Abend zuvor so gut wie möglich vor. Am Morgen ist das Chaos zu groß, um sich die notwendige Zeit dafür zu nehmen.

12. Ich wurde ein viel besserer Händler, als ich lernte, mich aus einem Trade zurückzuziehen, das heißt, mit plus/minus Null abzuschließen oder auch ⅛ oder ¼ Punkt zu verlieren. Ich lernte, mein Ego zu beherrschen und erkannte, dass ich in der Regel mit ungefähr 60 Prozent richtig liege. Solange ich meine Verluste gering halte, wenn ich falsch liege, bin ich mir sicher, ein profitabler Trader zu bleiben.

13. Verdoppeln tun nur Verlierer! Wenn sich ein Trade gegen mich entwickelt, versuche ich ihn zu schließen, nicht die Position aufzustocken. Ich kenne einen selbständigen Trader, der beständig zu seiner Position in Micron Technologies hinzu kaufte, während die Aktie von 85 auf 20 viel! Es wird Jahre dauern, bevor er möglicherweise Break Even ist. Danke, aber nein danke. Noch einmal, wenn sich eine Position gegen Sie bewegt – gehen Sie raus!

14. Ich verkleinere meine Position oder handle weniger vor wichtigen Veröffentlichungen (wichtige Wirtschaftsdaten, Gewinne, etc.). Zu viele Händler werden erledigt, wenn sie eine Wette aufgrund von Berichten abschließen und falsch liegen. Wenn

Sie wirklich spielen wollen, dann gehen Sie nach Vegas. Zumindest dort bekommen sie einen Ausgleich für ihre Verluste.

15. Unser Spiel ist kein einfaches Spiel, ganz besonders dann nicht, wenn eine ausgeprägte Marktbewegung (wie der Bullenmarkt, der 1982 begann) endet. Wahrscheinlich gibt es weniger professionelle Vollzeit-Trader in diesem Land als professionelle Athleten. Sie müssen darauf vorbereitet sein, genau so hart zu arbeiten und genau so beständig zu sein wie ein professioneller Sportler, um wirklich Erfolg zu haben.

Kapitel 4

Erstellen der Favoritenliste

Aus Unordnung schaffe Klarheit, aus Uneinigkeit mache Einklang.
Albert Einstein

Das ist das wichtigste Kapitel in diesem Buch. Ich glaube fest, dass meine Methodik aufgrund der Auswahl der von mir gehandelten Aktien funktioniert. Daher: Das Erstellen und die kontinuierliche Modifizierung meiner Liste stellt einen wichtigen und fortlaufenden Prozess dar.

Um durch dieses Spiel ein stetiges Leben führen zu können, muss ich Aktien handeln, die einen starken Trend aufweisen. Das gibt mir die Möglichkeit, beinahe jeden Tag in den "richtigen" Aktien zu sein. Es ist beinahe unmöglich, sein Leben zu finanzieren, indem man Aktien handelt, die sich seitwärts bewegen! Ich neige auch dazu, höherpreisige Aktien zu handeln. Eine 60-Dollar-Aktie steigt viel leichter um vier Punkte auf 64 Dollar, als eine 12-Dollar-Aktie auf 16 Dollar. Idealerweise möchte ich ausgesprochen illiquide Aktien handeln, die gerade angekauft oder abgestoßen werden. Das wiederum schafft höhere Volatilität und damit einhergehend größere Chancen auf Gewinne.

Ich erarbeite jeden Sonntagabend meine Liste von Favoriten und passe sie jeden Abend neu an. Einer der Vorteile meiner Liste ist, dass ich mich auf eine Hand voll Aktien (15-25 Stück) konzentrieren kann, und daher nicht durch tausend andere Sachen abgelenkt bin, die täglich den Aktienkurs beeinflussen können.

Und obwohl einige diskrete Entscheidungen in die Erstellung meiner Liste einfließen, erlauben mir die nachstehend angeführten Kriterien, jene Aktien aufzufinden, die für jeden entsprechenden Tag die besten Chancen aufweisen.

Wenn Sie die Kapitel über Handelsstrategien zu Ende gelesen haben, dann schlagen Sie bitte auch im Anhang nach. Dort gebe ich zusätzliche Einblicke als Hilfestellung zur Erstellung Ihrer täglichen Favoritenliste.

Es gibt zwei Hauptkriterien und zwei Nebenkriterien, die ich verwende, um die besten Titel zu entdecken. Die Hauptkriterien sind der Trend und der Kurs, die Nebenkriterien die Empfehlung und die Liquidität.

Hauptkriterien

1. Trend

A. ADX – Wie in Kapitel 2 angeführt, misst der ADX die Stärke eines Trends. Das ist der beste für Händler verfügbare Trendindikator, aber bis jetzt der am wenigsten gebräuchlichste. Ich empfehle dringend, dass Sie sich eine Software zulegen, die den ADX bereits beinhält, oder Sie programmieren sich den ADX mit Hilfe der Formel im Anhang. Er ist das Vielfache Ihrer Anstrengungen wert.

Gewöhnlich möchte ich Aktien handeln, die einen 14-Tage-ADX aufweisen, der größer ist als 30 (je höher, desto besser). Ein Wert von über 30 zeigt mir an, dass der gesamte Trend dieser Aktie sehr fest ist. Bei steigenden Märkte signalisiert er, dass Aktien akkumuliert werden, und in fallenden Märkten bedeutet das eine beständige Abgabe von Aktien. Für Aktien mit Aufwärtstrend gilt, dass der +DI-Wert größer als der dazugehörige –D-Wert sein muss und vice versa für fallende Aktienkurse. Daher lautet Regel #1: Handeln Sie Aktien mit einem ADX-Wert größer als 30.

ODER

B. Relative Stärke (RS) – wie in *Investor's Business Daily* berechnet. Wenn es für Sie nicht möglich ist, den ADX zu verwenden, dann handeln Sie nur Aktien mit einer Relativen Stärke von 95 oder größer:

Die Relative Stärke ist eine phantastische Berechnung, die von *Investor's Business Daily* zur Verfügung gestellt wird. William O'Neil hat mit seiner Zeitung eine phänomenale Arbeit geleistet, indem er Investoren und Händlern eine Chance bietet, jene Aktien mit bester Entwicklung aufzufinden. Die einzige Kritik an der Relativen Stärke ist, dass sie Ihnen nicht gestattet, eine Liste für Leerverkäufe zu erstellen (besonders sachdienlich in Bärenmärkten). Unglücklicherweise treten besonders tiefe RS-Werte gewöhnlich bei Aktien mit Kursen von 2 oder 3 Dollar pro Aktie auf. Ich handle diese nicht.

Eine Möglichkeit, um doch eine Liste für Shortverkäufe zu erstellen, ist, solche Aktien zu verfolgen, deren Relative Stärke erst kürzlich unter 30 fiel. *Investor's Business Daily* erstellt diese Liste und sie könnte weiterhelfen. Regel #2 lautet: Die Relative Stärke muss 95 oder höher für steigende Aktien sein – für den Fall, dass der ADX nicht verwendet wird. Die Relative Stärke für Shortkanditaten sollte erst kürzlich unter 30 gefallen sein.

C. Gleitende Durchschnitte – Einige meiner Strategien benötigen Gleitende Durchschnitte. Für diese Strategien wird ein 10-Tage- und 50-Tage-Durchschnitt verwendet, wobei Kaufkanditaten oberhalb beider und Shortkandidaten unterhalb beider Gleitenden Durchschnitte handeln müssen.

D. Neue Hochs/Neue Tiefs – Ein kleiner Teil meiner Strategien benötigt nur Aktien, die ein neues Zwei-Monats-Hoch oder ein neues Zwei-Monats-Tief erreichten. Mein Computer erstellt jede Nacht eine Liste für mich. Anschließend filtere ich sie nach Preis, durchschnittlichem täglichen Handelsvolumen und Empfehlungen.

2. Kurs

Wie ich schon oben anführte, ziehe ich es vor, in höherpreisigen Aktien zu handeln. Eine 10-Dollar-Aktie benötigt eine Bewegung von 30 Prozent, um sich um 3 Dollar zu verändern. Bei einer 50-Dollar-Aktie weist dieselbe Veränderung eine Bewegung von sechs Prozent auf. Das scheint allgemein bekannt zu sein, trotzdem handeln die meisten Händler niedrige Aktien und meiden teure wie die Pest. Daher Regel #3: Handeln Sie Aktien mit einem Kurs über 30 Dollar oder besser noch, über 40 Dollar.

Nebenkriterien

3. Empfehlungen

Ich will die Aktien kaufen, die gerade durch bedeutende Akteure akkumuliert werden, und jene Aktien short sein, die von eben jenen abgestoßen werden. Diese Empfehlungen stellen den Treibstoff für gesteigerte Volatilität dar. Ich finde diese Aktien unter der Mithilfe von Louis Navelliers Börsenbrief *MPT Review*. Navellier leistet als Money Manager hervorragende Arbeit, indem er jene Unternehmen herausfindet, in die oder aus denen Gelder fließt. Ich empfehle besonders, diesen Informationsdienst zu abonnieren.

4. Liquididtät

Obwohl ich die sogenannten Momentumaktien handle, fand ich heraus, dass die besten Bewegungen in den weniger liquiden Aktien (durchschnittliches Handelsvolumen unter 200.000 Aktien pro Tag) auftreten. Daher erscheint es mir richtig, Microsoft, Cisco Systems und Nike zu handeln, aber noch besser ist es, die weniger aktiven Gegenstücke zu traden.

Muss eine Aktie allen vorher angeführten Kriterien entsprechen, um auf meine Liste gesetzt zu werden? Nein! Diese Kriterien stellen lediglich einen Weg dar, um eine Gruppe von Titeln zu finden, die mir erlauben, meine Strategien optimal zu fahren. Wie Sie an der Favoritenliste der Woche vom 10. Juni 1996 (siehe Kapitel 17) erkennen können, wiesen nur einige Titel alle angeführten Qualifikationen auf. **Die Gemeinsamkeit dieser Liste besteht darin, dass es sich um höherpreisige Aktien mit gutem Trendverhalten handelt, die die Möglichkeit besitzen, sich rasch zu bewegen, nachdem ein Muster auftrat.**

Wiederum verweise ich auf den Anhang, wo ich genauer auf die Erstellung der Favoritenliste eingehe. Das soll zusätzlich zur Vereinfachung des Prozesses beitragen. Es wird vielleicht ein wenig dauern, bis es für Sie zur Gewohnheit wird, diese wöchentliche Liste zu erstellen, aber schließlich wird es zur Gewohnheit, und sie werden die richtigen Aktientitel zur Beobachtung jeden Tag zu Verfügung haben.

[Teil I]

Hauptstrategien

Unter die Hauptstrategien habe ich meine besten fünf Strategien versammelt. Wenn Sie mir sagen, dass ich nur zwei oder drei meiner Strategien handeln könnte, würde ich sie aus dieser Liste auswählen. Das sind meine Basismuster, welche mir den Luxus erlauben, ein professioneller Trader zu sein. In Anlehnung an Begriffe aus dem Baseball würde man hier von einer Starting Rotation von Sandy Koufax, Roger Clemens, Bob Gibbson, Whitey Ford and Nolan Ryan sprechen*. Mit dieser Variante der Aufstellung weiß ich, falls eine Strategie versagen würde, habe ich immer noch vier, die mich retten würden und mich profitabel handeln lassen.

Ein Wort der Warnung muß noch ausgesprochen werden, bevor wir beginnen. Die Beispiele in diesem Buch wurden aufgrund ihres lehrreichen Wertes gewählt. Bei den meisten handelt es sich um erfolgreiche Trades. In der zu handelnden Realität wechseln sich erfolglose Trades mit Gewinnern ab. Die nachfolgenden Beispiele zeigen die Art von Gewinnpotential auf, zu dem diese Kursmuster führen können.

* Stars aus der US Baseball-Liga

Kapitel 5

Expansion Breakout™

Das Glück bevorzugt die Tüchtigen.
Caesar

Ich werde den Abschnitt über die Handelsstrategien mit zwei Grundsätzen beginnen:

1) Sie dürfen nicht jedes neue Hoch kaufen.
2) Nicht jeder Ausbruch verläuft gleich.

Es brauchte Jahre und viele tausend Dollar, bis ich das erkannte. Während meiner Anfänge nahm ich irrtümlicherweise an, dass ein neues Hoch auch ein neues Hoch war und wenn es auftrat, dann musste es auch gekauft werden. Nur – als ich mich nach ihrer Umkehr auf der falschen Seite dieser Ausbrüche wiederfand, erkannte ich, dass es noch einen anderen Teil in meiner Strategie geben muss.

Während ich jene Ausbrüche studierte, die durchweg zu Gewinnen innerhalb von einem Tag bis zu fünf Tagen führten, bemerkte ich ein Merkmal, das sämtliche Ausbrüche gemeinsam hatten: Die besten Ausbrüche wurden an dem betreffenden Tag von einer Schwankungsbreite der Kurse begleitet, die größer war als die der vorangegangenen neun Handelssitzungen.

Zusätzlich erkannte ich noch (und das hat nun Gültigkeit für alle meine Strategien), dass die Aktie am folgenden Handelstag oberhalb des Tages mit dem Expansion Breakout gehandelt werden muss. Das zeigt mir, dass die Kaufkraft des Vortages auch heute anhält.

Schließlich bemerkte ich noch, dass die Trades mit den besten Ergebnissen dazu neigten, nur geringe Rückschläge intraday aufzuweisen. Folglich sollten meine Stopkurse knapp gesetzt sein, um mich für den Fall abzusichern, dass ich falsch liege.

Nachdem das geklärt ist, schauen wir nun zu den Regeln, um ein Expansion Breakout zu handeln.

Für Käufe:

1. Der heutige Tag (Tag eins) muss ein Zwei-Monats-Kalenderhoch darstellen. (Diese Strategie verwendet weder den ADX noch die Relative Stärke. Ich möchte einfach nur ein neues Hoch gemeinsam mit einer Ausdehnung der Handelsspanne sehen).

2. Die heutige Handelsspanne (Hoch minus Tief) muss gleich oder größer als die größte Handelsspanne der vergangenen neun Handelstage sein.

3. Ausschließlich morgen kaufen Sie ⅛ Punkt über dem heutigen Hoch.

4. Das maximale Anfangsrisiko (Stop) liegt bei 1 Punkt unterhalb des gestrigen Schlusskurses.

Für Leerverkäufe:
(Hier bezeichnet als Expansion Breakdowns)

1. Der heutige Tag (Tag eins) muss ein Zwei-Monats-Tief sein.

2. Die heutige Tageshandelsspanne muß gleich oder größer der größten täglichen Spanne der vergangenen neun Handelstage sein.

3. Nur morgen verkaufen Sie ⅛ Punkt unterhalb des heutigen Tiefs.

4. Unser Eingangsstop zur Absicherung liegt 1 Punkt oberhalb des gestrigen Schlusskurses.

Betrachten wir nun eine Hand voll Beispiele, die uns helfen sollen, diese Strategie besser zu verstehen.

BEISPIEL 5.1 – Nike

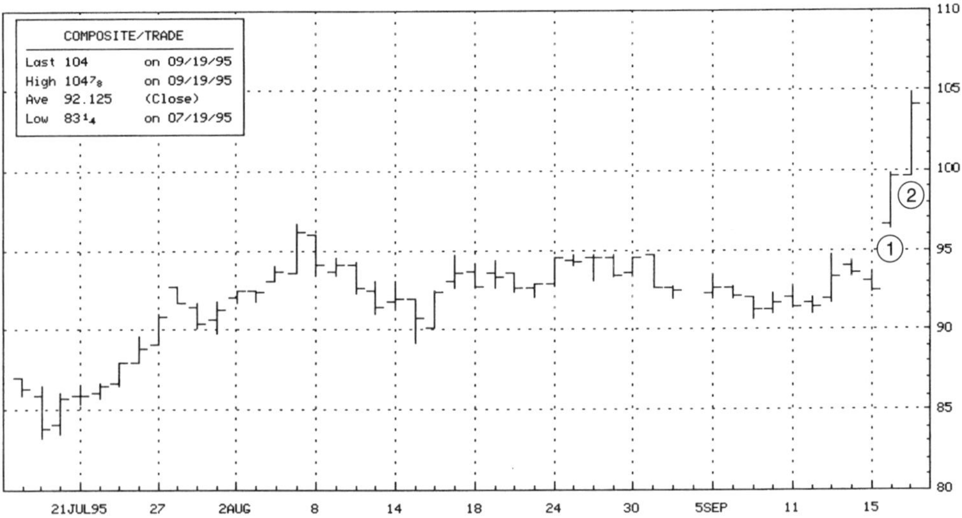

Gedruckt mit Erlaubnis von Bloomberg L.P.

1. 18. September 1996 – Nike macht ein Zwei-Monats-Hoch, und seine tägliche Handelsspanne ist die größte Spanne der vergangenen neun Handelssitzungen. Morgen, wenn Nike ⅛ Punkt über den Hochkurs von 99¾ steigt, werden wir long gehen.

2. Nike eröffnet bei 99⅝ und steigt auf 99⅞. Wir kaufen. Unser Eingangsstop, bei dessen Unterschreiten verkauft wird, wird sofort 1 Punkt unterhalb des Vortagesschlusses bei 99⅝ gesetzt. Das gestrige Expansion Breakout behält seine Aufwärtsbewegung bei und schließt bei 104. – 4⅛ Punkte höher, als unser Einstiegspunkt lag.

BEISPIEL 5.2 – US Robotics

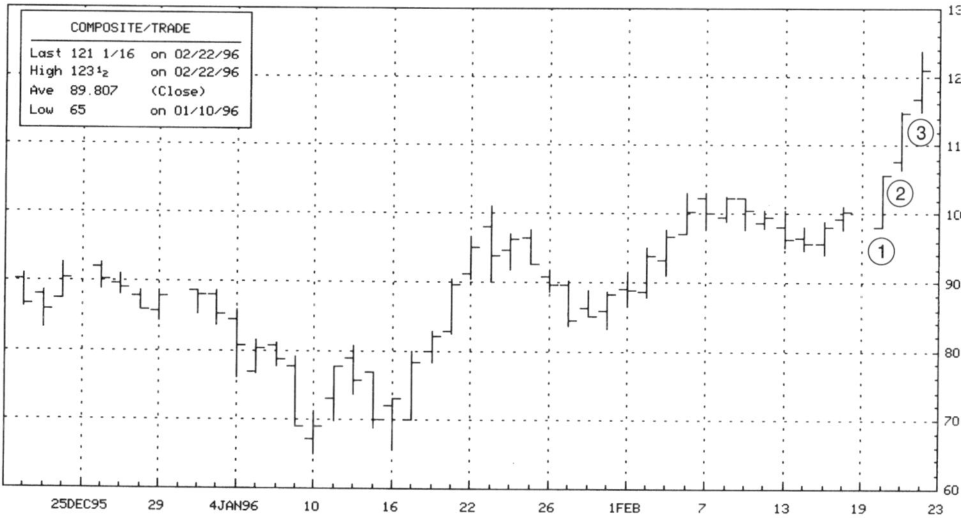

Gedruckt mit Erlaubnis von Bloomberg L.P.

1. 20. Februar 1996 – Die heutige Handelsspanne ist die größte der letzten neun Tage. US Robotics erreicht ein neues Zwei-Monats-Hoch.

2. Am nächsten Morgen eröffnet die Aktie mit einem Gap oberhalb des Vortageshochs. Wir sind bei 107½ long. Unser Sicherheitsstop befindet sich bei 104¾, 1 Punkt unterhalb des gestrigen Schlusskurses. Nachdem sie bis auf 106½ fiel, nimmt die Aktie wieder ihre Bewegung auf und schließt mit 7¼ Punkten über dem Einstieg.

3. Der Anstieg setzt sich am nächsten Tag fort, und bringt US Robotics bis zu einem Hoch bei 123½.

BEISPIEL 5.3 – Citrix Systems

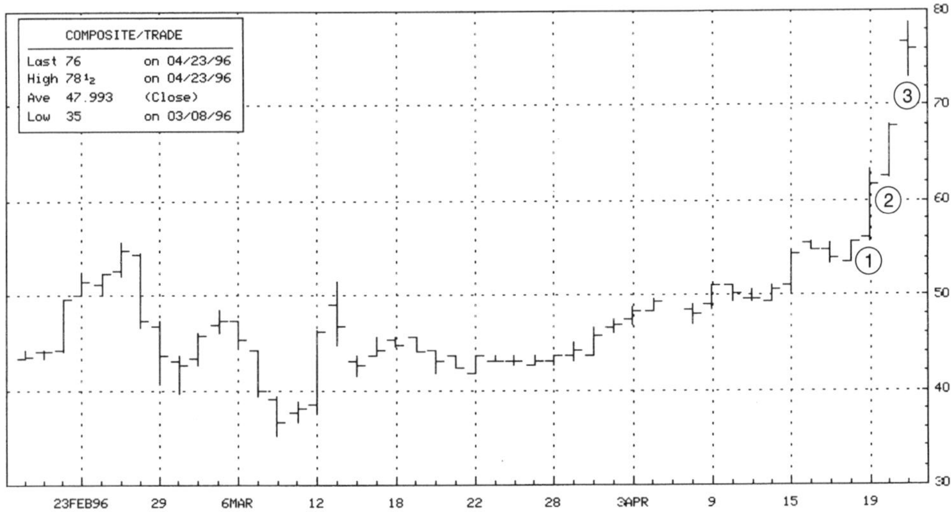

Gedruckt mit Erlaubnis von Bloomberg L.P.

1. 19. April 1996 – Citrix Systems hat ein Expansion Breakout.

2. Am nächsten Tag handelt die Softwarefirma ⅛ Punkt oberhalb* des Vortageshochs. Wir sind long mit 63⅜. Unser Verkaufsstop ist bei 60¾, 1 Punkt unterhalb des gestrigen Schlusskurses.

3. Manchmal ist es besser, Glück zu haben, als intelligent zu sein. Am nächsten Morgen schießt die Aktie nach oben, eröffnet bei 76¾, 13⅜ Punkte über unserem Einstieg.

Es ist aufregend, wenn diese Art einer Bewegung auftritt, in Wirklichkeit stellt das aber die Ausnahme als die Regel dar.

* *Ich steige sogar dann in ein Signal ein, wenn die Aktie mit einem bedeutenden Gap eröffnet.*

BEISPIEL 5.4 – Shiva

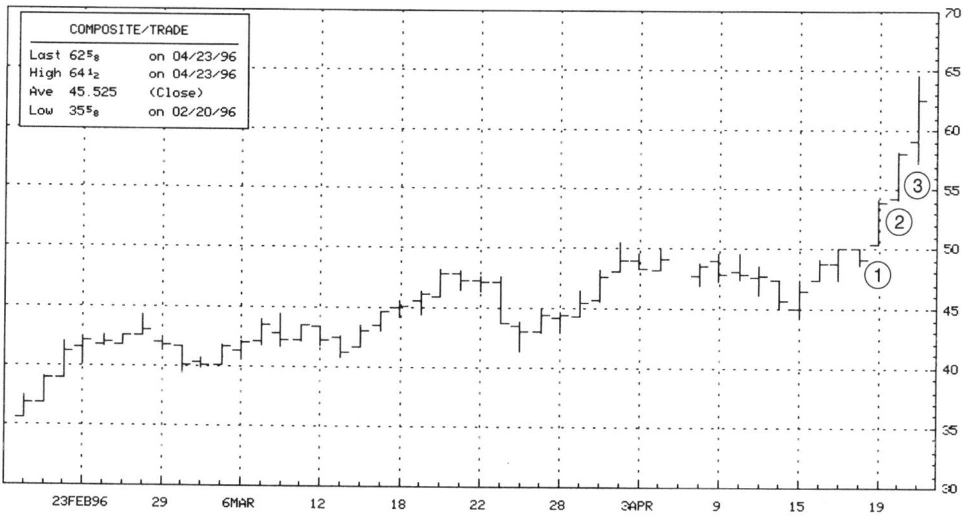

Gedruckt mit Erlaubnis von Bloomberg L.P.

Ein interessantes Phänomen, von dem ich profitiert habe, und das auch Sie kennen sollten, ist, dass bei einigen Aktien desselben Industriezweiges am selben Tag ein Expansion Breakout auftritt. Das ist ein sehr wirksames Signal und sollte voll genützt werden, wenn Sie es entdecken. Wie Sie an diesem Beispiel sehen können, wies Shiva (aus der gleichen Branche wie Citrix Systems) am gleichen Tag wie Citrix ein Expansion Breakout auf.

1. Ein Expansion Breakout.

2. Kauf bei $54\frac{3}{8}$ (Eröffnung). Unser Stop befindet sich bei 53.

3. Shiva steigt bis zu einem Hoch von $64\frac{1}{2}$ am nächsten Nachmittag.

BEISPIEL 5.5 – Oxford Health

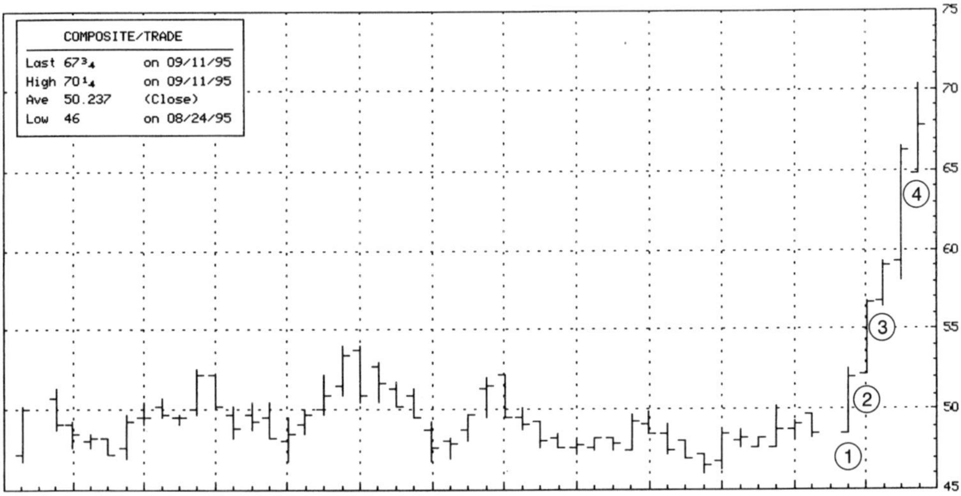

Gedruckt mit Erlaubnis von Bloomberg L.P.

1. Kein Expansion Breakout. Oxford macht kein Zwei-Monats-Hoch.

2. Ein Expansion Breakout. Ein neues Hoch gleichzeitig mit der größten Handelsspanne der letzten neun Sitzungen.

3. Wir kaufen ⅛ oberhalb des Vortageshochs von 56¾. Unser Eingangsstop zur Absicherung liegt bei 54¾.

4. Die Aktie steigt innerhalb einer Woche um beinahe 20%.

BEISPIEL 5.6 – Digital Equipment

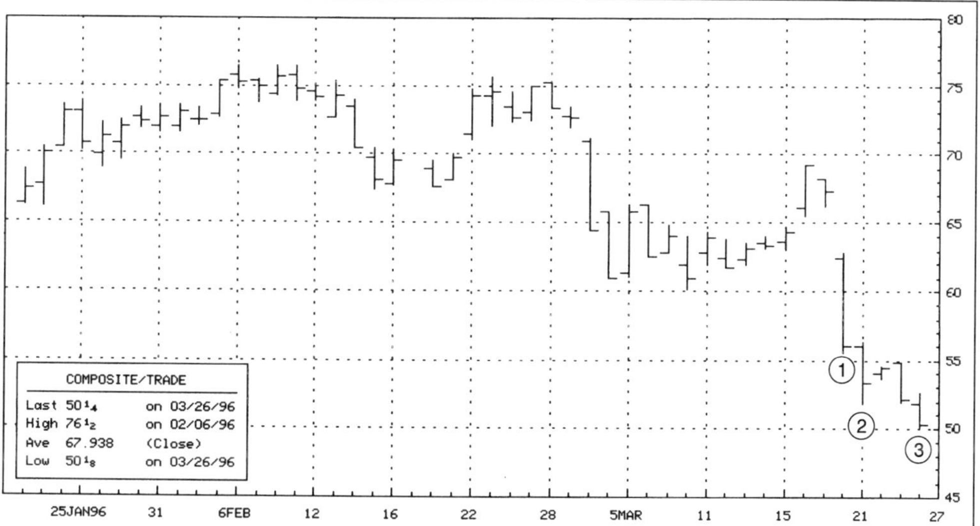

Gedruckt mit Erlaubnis von Bloomberg L.P.

Obwohl ich diese Strategie meistens für die Longseite einsetze, funktioniert sie für Abwärtsbewegungen identisch.

1. Ein Expansion Breakdown.

2. Digital Equipment handelt mit ⅛ unter dem Vortagestief von 55½. Wir verkaufen leer bei 55⅜ und setzen unseren Stop bei 57, 1 Punkt oberhalb des Vortagesschlusskurses. Die Aktie schließt bei 53¼.

3. Digital Equipment verliert 10% ihres Wertes innerhalb von vier Handelssitzungen.

BEISPIEL 5.7 – Chiron

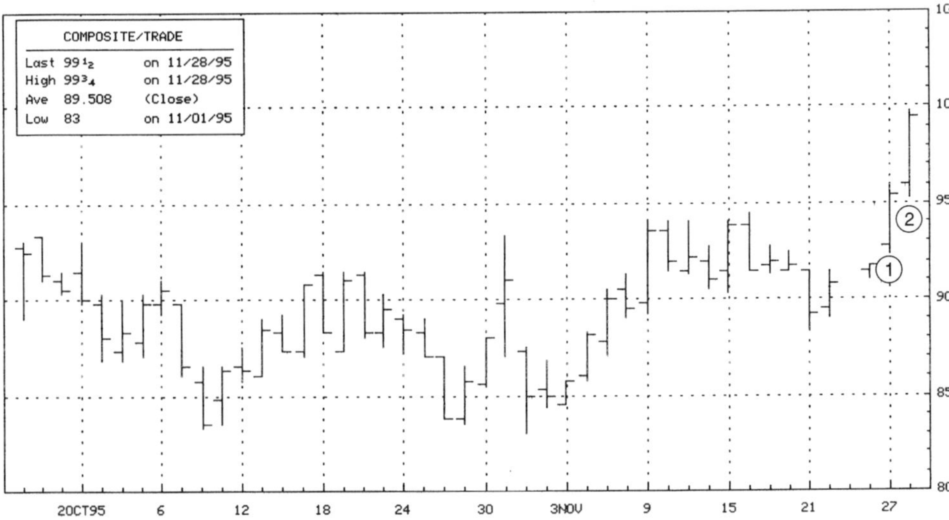

Gedruckt mit Erlaubnis von Bloomberg L.P.

1. Neues Zwei-Monats-Hoch und die größte Handelsspanne der letzten neun Handelssitzungen.

2. Kauf bei 96¼ und Chiron schließt mit 4½ Punkten oberhalb unseres Einstieges.

BEISPIEL 5.8 – Computer Horizons Corporation

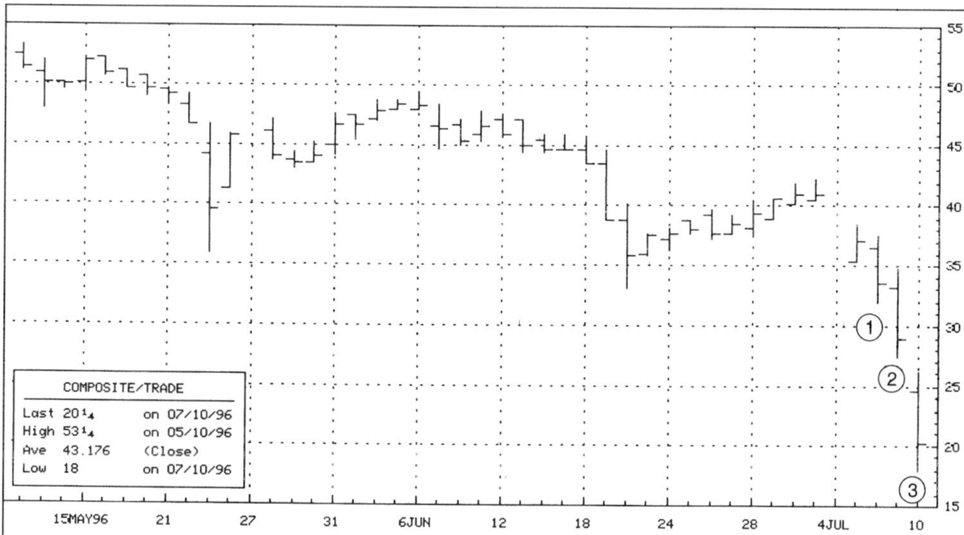

Gedruckt mit Erlaubnis von Bloomberg L.P.

1. Die größte Handelsspanne von 10 Tagen und ein Zwei-Monats-Kalendertief.

2. Ein Leerverkauf bei 31⅞

3. Die Verkäufe dauern an, und Computer Horizons fällt innerhalb eines Tages bis auf ein Tief von 18.

Zusammenfassung

Warum funktionieren Expansion Breakouts? Ich denke, es handelt sich um ein Zusammenspiel mehrerer Faktoren. Der erste Faktor ist, dass der Trend (gemessen an neuen Hochs oder neuen Tiefs) stark ist. Der zweite Faktor ist, dass Ausbrüche mit großen Handelsspannen Aufmerksamkeit erwecken. Es gibt Zehntausende von Momentumspielern an der Spitze milliardenschwerer Investmentfonds, die Stärke zu kaufen und Schwäche zu verkaufen versuchen. Eine Aktie, deren Ausbruch von einer großen Handelsspanne begleitet wird, zieht Aufmerksamkeit auf sich. Dieses Muster erzeugt Käufe, die wiederum Käufe nach sich ziehen. Manchmal erscheinen diese Muster auch gleichzeitig mit wichtigen Nachrichten, die bessere Ergebnisse, ein neues Produkt oder eine Empfehlung durch ein Brokerhaus melden. Zusätzlich handeln wir sehr häufig in kaum liquiden Aktien, wodurch den institutionellen Teilnehmern erschwert wird, diese Aktien anzuhäufen. Daher sind sie gezwungen, den Kurs nach oben zu kaufen, was den Preis noch weiter erhöht.

Als Händler ist es nicht unsere Aufgabe, auf das große Bild zu schauen. Wir achten ganz strikt nur auf diese Muster, die es uns gestatten, an kurzfristigen Momentumbewegungen sowohl long als auch short teilzunehmen. Expansion Breakouts erlauben uns exakt das. Sie leisten eine herausragende Arbeit, indem Sie diese Breakouts identifizieren, bei denen es wahrscheinlich ist, dass eine Nachfolgebewegung auftritt.

Kapitel 6

1-2-3-4er

Ich habe nie etwas getan, das es wert gewesen wäre, durch Zufall getan zu werden. Alle meine Erfindungen sind nicht durch Zufall entstanden, sondern durch Arbeit.

Thomas Edison

Die größte Herausforderung für Trader ist es, den richtigen Zeitpunkt für den Einstieg in eine gut laufende Aktie zu finden. (Gut laufende Aktien sind solche, deren Trend äußerst stark ist). Viele von uns haben schon erlebt, dass wir eine Aktie entdecken, die wir gerne kaufen (oder leer verkaufen) würden, weil sie sich aber so schnell bewegt, erhalten wir keine Chance einzusteigen.

Die 1-2-3-4er-Handelsstrategie schafft teilweise Abhilfe für dieses Desiderat. Die 1-2-3-4er wurde von meinem Freund, Larry Connors, entwickelt. Larry ist ein Vollzeithändler und auch der Co-Autor von zwei exzellenten Büchern über das Trading.

Als Connors diese Strategie entwickelte, bemerkte er, dass Aktien mit einem starken Trend häufig für drei Tage konsolidieren, bevor sie ihre Bewegung wieder aufnehmen. Wir warten bei Aktien mit festem Trend auf eine Drei-Tage-Konsolidierung, um einzusteigen, bevor sie ihre Dynamik wieder aufnehmen und auf neue Niveaus klettern.

Hier sind die Regeln:

Für Käufe:

1. Finden Sie einen Markt, dessen 14-Tage-ADX größer als 30 ist. Je höher der ADX, desto besser. Sollten Sie keinen ADX verwenden, muss die Relative Stärke einen Wert von 95 oder höher aufweisen.

2. Der 14-Tage +DI-Wert muss größer als der 14-Tage –DI-Wert sein.

3. Warten Sie nun, dass der Markt eine 1-2-3 Korrektur macht. Das bedeutet, der Markt muss drei aufeinanderfolgende tiefere Tiefs aufweisen oder irgendeine Kombination von zwei tieferen Tiefs und einem Inside Day. Die Beispiele werden das noch zusätzlich erläutern.

4. Sie kaufen ausschließlich am vierten Tag ⅛ Punkt oberhalb des Hochs des dritten Tages.

5. Wenn die Käufe ausgeführt wurden, sollte Ihr Eingangsstop zur Absicherung nahe des Tiefs des dritten Tages sein.

6. Sobald die Position sich zu Ihren Gunsten bewegt, sollten Sie den Stop nachziehen. Bei diesem Muster neige ich wegen des Aufwärtspotentials der Bewegung dazu, mir ein bisschen mehr Spielraum bis zu meinem Stopkurs zu erlauben.

Für Leerverkäufe:

1. Der ADX muss größer als 30 sein. Je höher der ADX, desto besser.

2. Der –DI muss größer als der +DI sein.

3. Warten Sie nun auf eine 1-2-3-Rally – entweder drei höhere Hochs oder irgendeine Kombination von zwei höheren Hochs und einem Inside Day.

4. Sie verkaufen ausschließlich am vierten Tag short mit ⅛ Punkt unter dem Tief des dritten Tages.

5. Ihr Eingangsstop zur Absicherung sollte sich nahe dem Hoch des dritten Tages befinden.

6. Sobald die Position sich zu Ihren Gunsten entwickelt, ziehen Sie den Stop nach.

BEISPIEL 6.1 – Fila

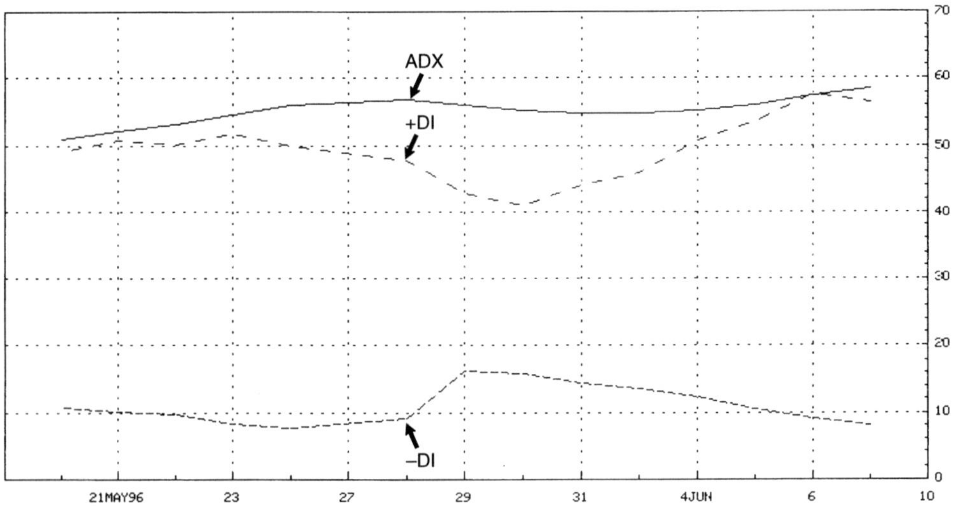

Gedruckt mit Erlaubnis von Bloomberg L.P.

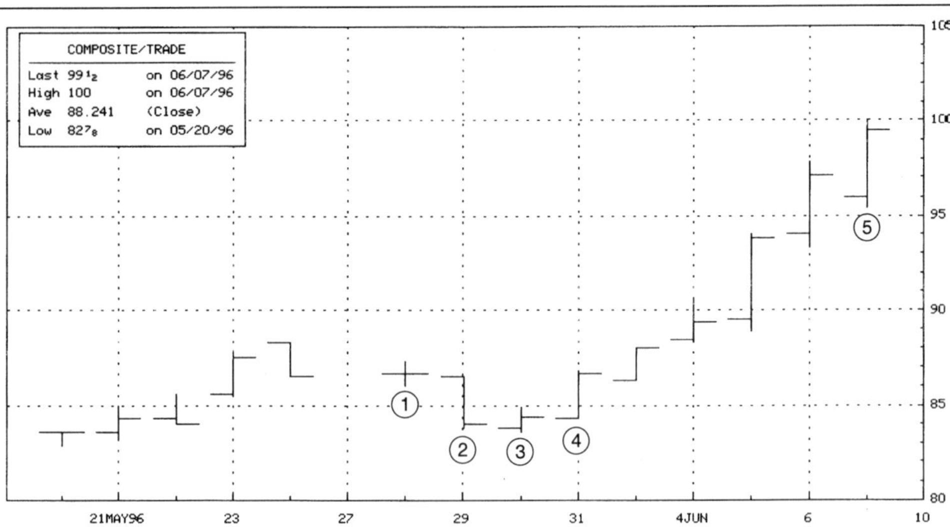

Gedruckt mit Erlaubnis von Bloomberg L.P.

Ende Mai zieht Fila stark an. Der ADX-Wert liegt über 50 und der +DI-Wert ist größer als der –DI-Wert.

1. Ein erstes tieferes Tief.
2. Zweites tieferes Tief.
3. Drittes aufeinanderfolgendes tieferes Tief.
4. Kauf bei 85⅛, einen Tick oberhalb des Hochs des dritten Tages.
5. Fila setzt ihren Aufwärtstrend fort. Die Aktie steigt innerhalb sechs Handelssitzungen um beinahe 15 Punkte.

BEISPIEL 6.2 – Access Health

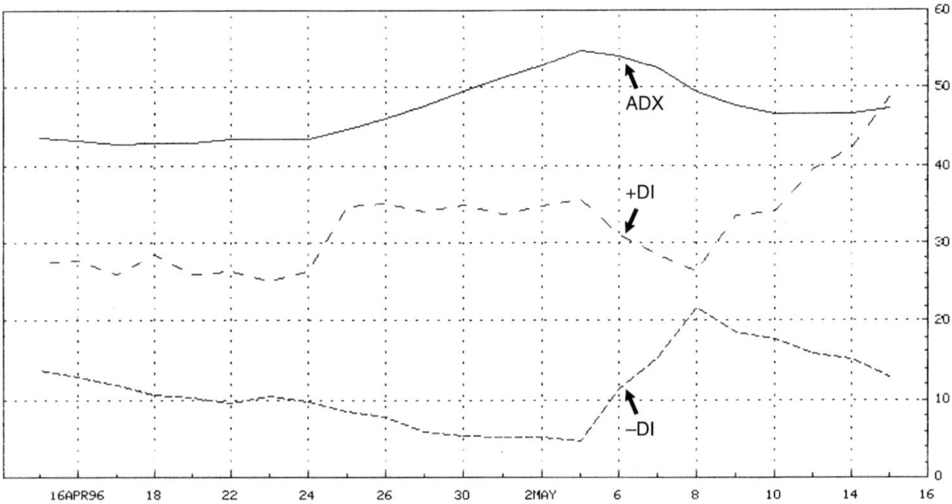

Gedruckt mit Erlaubnis von Bloomberg L.P.

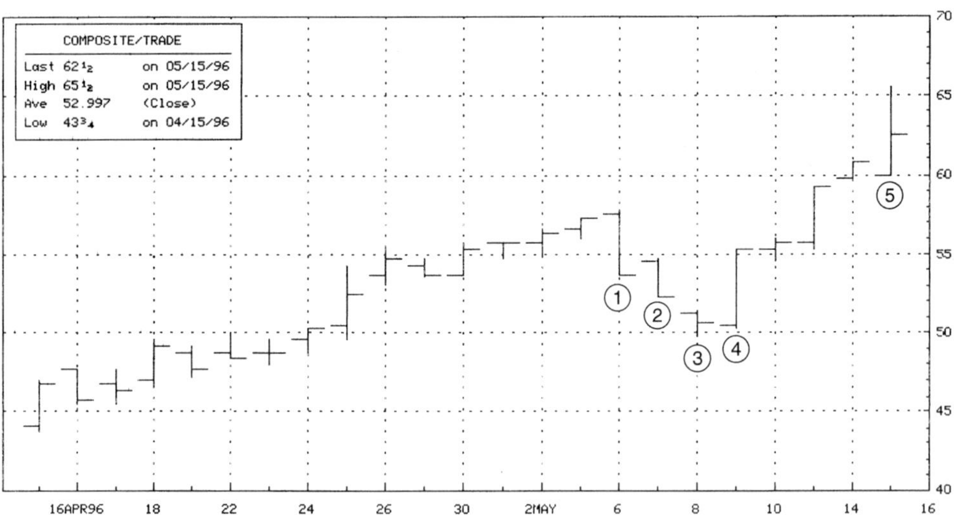

Gedruckt mit Erlaubnis von Bloomberg L.P.

Access Health hat einen hohen ADX-Wert in einem steigenden Markt.

1. Erstes tieferes Tief.

2. Zweites tieferes Tief.

3. Drittes tieferes Tief.

4. Kauf bei 51⅝, ⅛ Punkt oberhalb des Hochs des dritten Tages. Unser Stop befindet sich bei 49¾, dem Tief von Tag drei.

5. Access Health schießt auf mehr als 14 Punkte über unseren Einstiegskurs.

BEISPIEL 6.3 – Micron Technologies

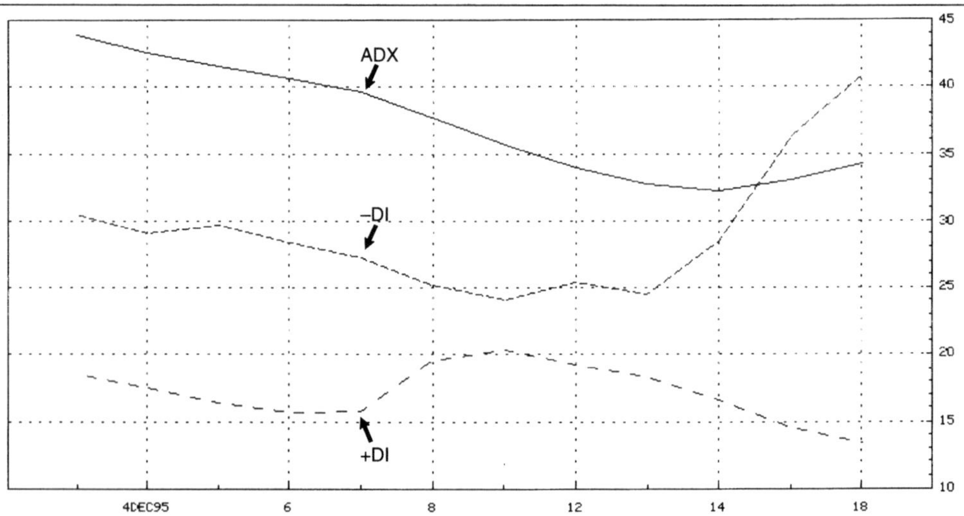

Gedruckt mit Erlaubnis von Bloomberg L.P.

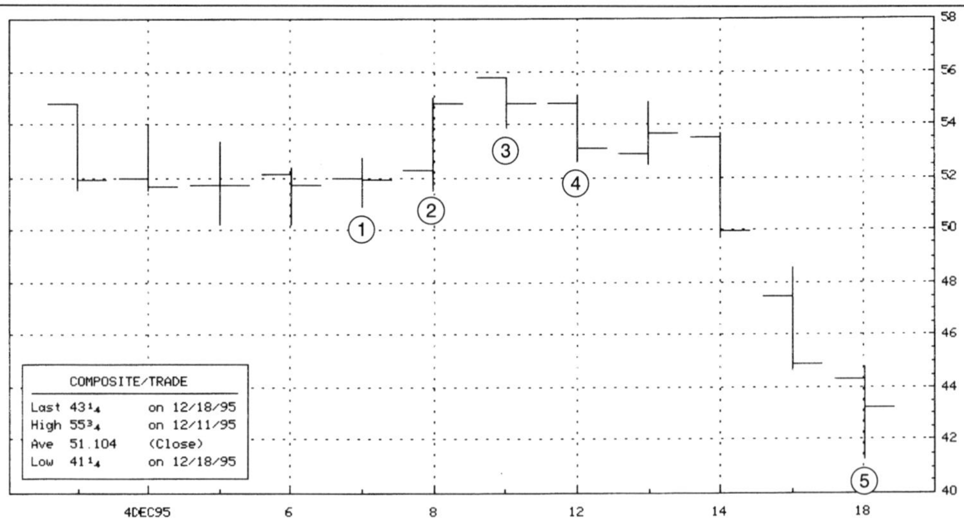

Gedruckt mit Erlaubnis von Bloomberg L.P.

Diese Strategie funktioniert ebenso auch für Leerverkäufe. Hier zeige ich ein Beispiel, als die Halbleiteraktien 1995 zusammenbrachen.

Der ADX ist größer als 30, der –DI größer als der +DI. Wir haben einen Bärentrend.

1. Erstes höheres Hoch.

2. Zweites höheres Hoch.

3. Drittes höheres Hoch.

4. Leerverkauf bei 53¾.

5. Ein Profit von 12 Punkten innerhalb von fünf Handelstagen.

BEISPIEL 6.4 – Luxottica Group

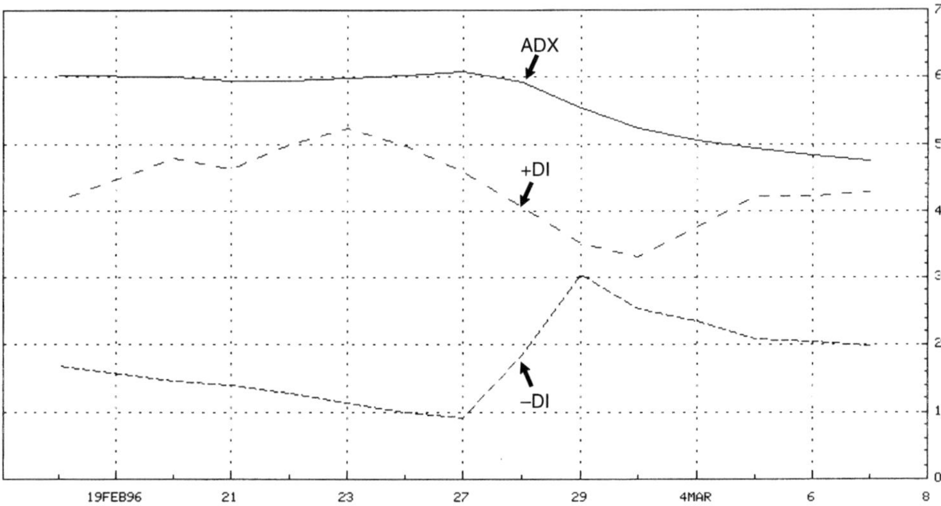

Gedruckt mit Erlaubnis von Bloomberg L.P.

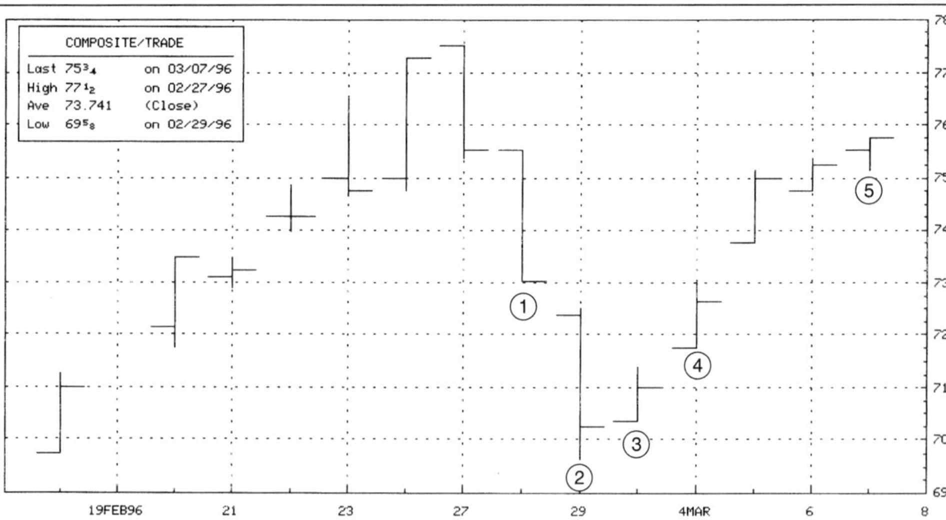

Gedruckt mit Erlaubnis von Bloomberg L.P.

Ende Februar 1996 hatte Lucottica Group einen ADX-Wert größer als 30 und ihr +DI-Wert war größer als ihr –DI-Wert.

1. Erstes tieferes Tief.

2. Zweites tieferes Tief.

3. Inside Day.

4. Die Aktie eröffnet oberhalb des Vortageshochs. Wir sind long bei 71¾.

5. Innerhalb weniger Tage steigt Luxottica 4 Punkte höher.

BEISPIEL 6.5 – NASDAQ 100 Index

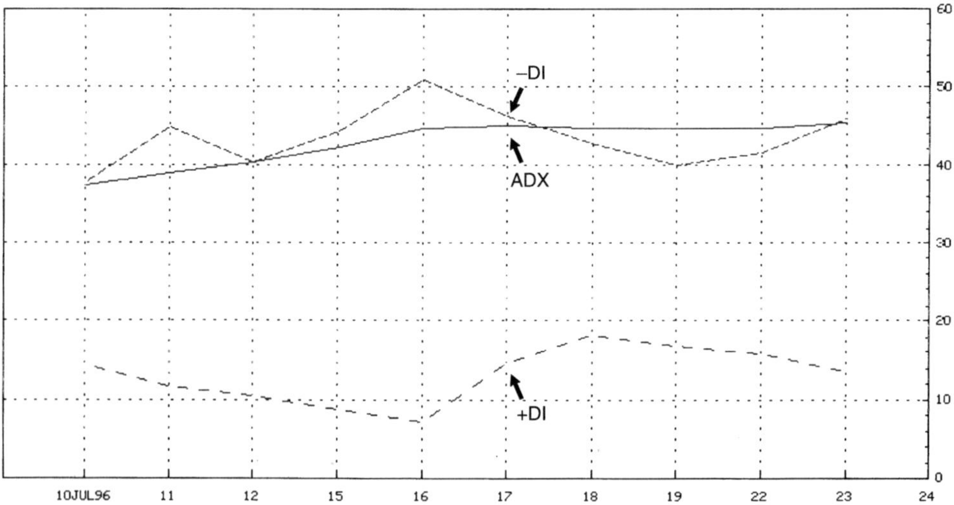

Gedruckt mit Erlaubnis von Bloomberg L.P.

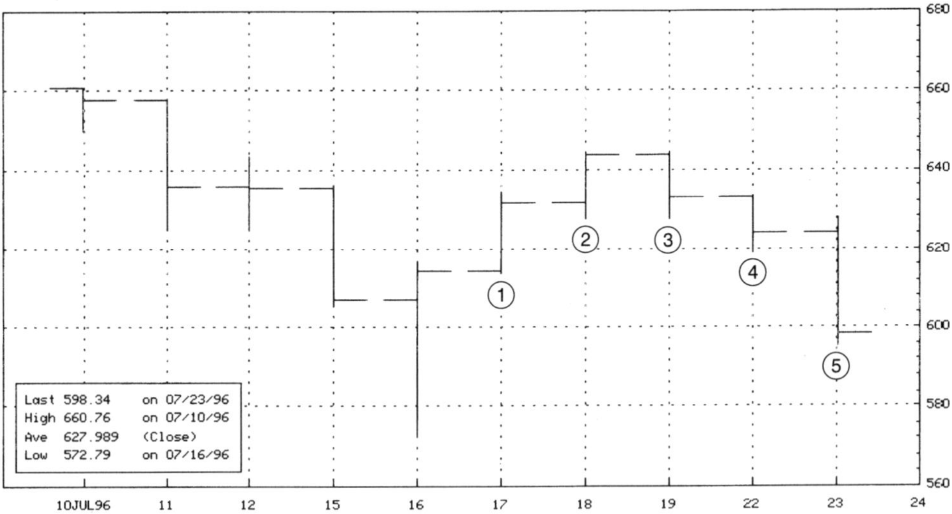

Gedruckt mit Erlaubnis von Bloomberg L.P.

Der Nasdaq-Index erlitt im Sommer 1996 ernste Verluste bei Glattstellungsverkäufen. Der ADX für den NASDAQ 100 wies einen Wert von über 30 auf, und der -DI war größer als der +DI.

1. Erstes höheres Hoch.

2. Zweites höheres Hoch.

3. Inside Day.

4. Verkaufssignal ausgelöst.

5. Ein 30-Punkte-Verlust innerhalb eines Tages.

BEISPIEL 6.6 – Netscape

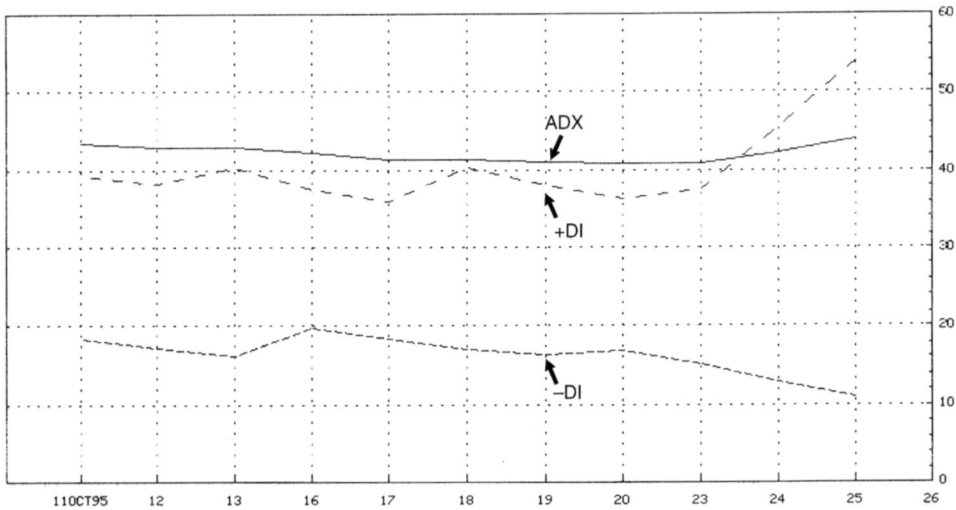

Gedruckt mit Erlaubnis von Bloomberg L.P.

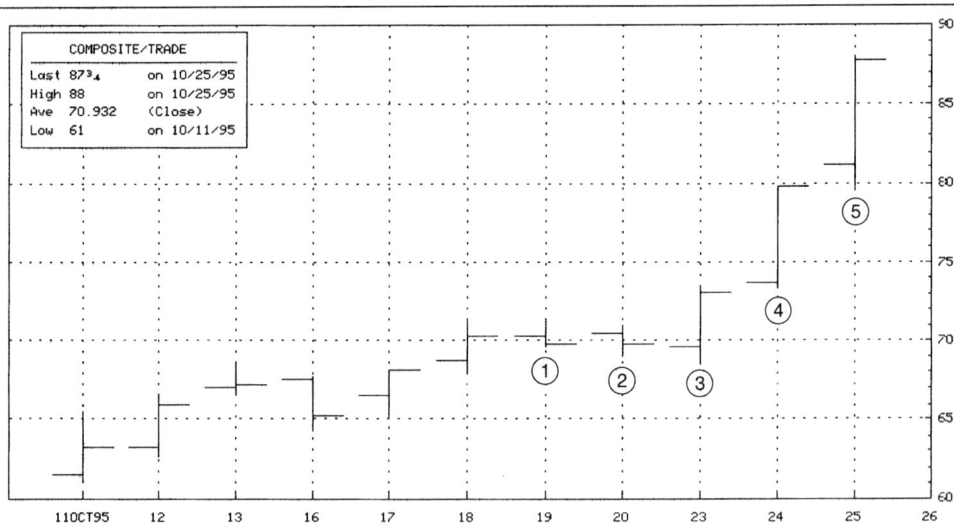

Gedruckt mit Erlaubnis von Bloomberg L.P.

Wenn Sie auf der Suche nach einem 1-2-3-4er-Muster sind, können Sie immer dann Erfolg haben, wenn eine Branche eine verrückte Zeit durchmacht. Hier haben Sie ein Beispiel von Ende des Jahres 1995, aus der Zeit der Internetmanie.

1. Inside Day.

2. Tieferes Tief.

3. Tieferes Tief.

4. Kauf bei 73¾.

5. Ein Gewinn von 14¼ Punkten innerhalb von zwei Tagen.

*** Die Aktie erreichte sechs Wochen später ein Hoch von 174!

Zusammenfassung

Von den fünf Hauptstrategien, die ich handle, tritt dieses Muster am seltensten auf. Diese fehlenden Möglichkeiten werden jedoch durch das Profitpotential ausgeglichen. Einige meiner gewinnträchtigsten Trades resultierten aus diesem Muster, sowohl auf der Kauf- als auch der Verkaufsseite.

Offensichtlich weisen nicht alle gut laufenden Märkte eine Drei-Tage-Konsolidierung auf. Einige konsolidieren nur für einen oder zwei Tage und andere für vier oder fünf Tage. Ungeachtet dessen, die allgemeine Dauer einer Konsolidierung ist drei Tage, und für gewöhnlich ist das die einzige Variante, die ich handle. Genauso wie mit den meisten Strategien, gehen Sie ein ziemlich kleines Anfangsrisiko ein und – wie Sie sehen können – das Gewinnpotential ist substantiell.

Kapitel 7

Kaufen vor dem großen Volumen

Die Götter können denen nicht helfen,
die ihre Chancen nicht nutzen.
Confuzius

Die Enthüllung dieser Strategie wird mir den Hass jedes Blocktrading-Desks an der Wall Street zufügen.

Ein Trick mit geringem Risiko stellt das Einsteigen vor dem grossen Volumen bei ziemlich schwach gehandelten NYSE- und ASE-Aktien dar, mit dem ich üblicherweise innerhalb weniger Minuten von ¼ Punkt bis zu 4 Punkten erzielen kann. Was ich mache, ist auf einen Käufer zu warten, der einsteigen will und Interesse an einer der Aktien auf meiner Empfehlungsliste zeigt. Ich steige dann vor ihm ein und kaufe das Gebot des Marktes. Das treibt den Kurs ein bisschen höher, und wenn mein neu gefundener Freund ausgeführt werden will, muss er ein bisschen mehr bezahlen. Sehr häufig veranlassen meine Käufe weitere Momentumkäufer zu Anschlusskäufen, was den Kurs wiederum steigen lässt, und schließlich wird mein Freund ungeduldig. Er gibt dann dem Händler den Auftrag, "Kaufen Sie diese verdammte Aktie", und treibt den Kurs noch ein wenig höher – und macht mich noch ein bisschen reicher, wenn ich meine Gewinne mitnehme.

Hier sind die Regeln:

Für Käufe

1. Eine Aktie muss einen ADX-Wert größer als 30 aufweisen, und ihr +DI-Wert muss größer als ihr –DI-Wert sein. Oder die Aktie hat eine Relative Stärke von 95 oder mehr.

2. Das durchschnittliche tägliche Handelsvolumen sollte unter 200.000 Aktien pro Tag liegen. Je geringer das Volumen, desto mehr Geld können Sie mit dieser Strategie machen.

3. Die Aktie muss für diesen Tag steigen. Diese Strategie funktioniert nicht für Aktien, die an einem Tag fallen.

4. Das Wichtigste ist, der Käufer muss seine Ungeduld zeigen, oder ich muss erkennen können, dass mehr als eine Institution diese Strategie anwendet. Wie weiß ich das? Weil ich auf zwei aufeinanderfolgende höhere Bid-Kurse warte, die höhere Stückzahlen (5000 Aktien oder mehr) kaufen wollen. Zum Beispiel möchte ich einen Markt sehen, bei dem 5000 Aktien mit 52 zum Kauf gesucht werden und 1000 mit $52\frac{1}{4}$ angeboten werden. Dann möchte ich das Gebot auf $52\frac{1}{8}$ oder $52\frac{1}{4}$ steigen sehen, um die 5000 Aktien zu kaufen. Das bedeutet, dass jemand unbedingt diese Aktie haben will.

5. Im vorhergehenden Beispiel würde ich die Angebotsseite kaufen, wenn der Markt bei einem Gebot von $52\frac{1}{8}$ (mit 5000 zu kaufen) und das Angebot bei $52\frac{3}{8}$ steht. Der einzige Punkt, an dem ich das höhere Angebot ignoriere, ist, wenn ich 5000 oder mehr Aktien mit diesem Preis angeboten sehe. Das bedeutet, es gibt vielleicht einen Verkäufer, der den großen Käufer bedienen kann.

6. Mein Stop zur Absicherung befindet sich ⅛ Punkt unterhalb des Kurses, der ursprünglich für die 5000 Aktien geboten wurde.

7. Den Punkt festzulegen, an dem ich Gewinne mitnehme, ist eine subjektive Entscheidung. Sehr häufig nehme ich automatisch Gewinne mit, wenn ich großes Volumen auf der Angebotsseite entdecke, oder wenn mein neuer Freund seinen Auftrag ausgeführt bekommt.

Schauen wir nun zu einigen Beispielen:

BEISPIEL 7.1 – Flores & Rucks

Page
Screen printed.

DG28 **Equity Q R M**

M A R K E T / T R A D E R E C A P
Volumes scaled by 100
Page 3

Time __:__ Min Vol **100**
Date **6/25** Price Range ____ to ____

FLORES & RUCKS INC (FNR US) PRICE $33\frac{1}{4}$ N $

Time	E	Bid/Trd/Ask	E	Size	Cond	Time	E	Bid/Trd/Ask	E	Size	Cond
10:22	N	**↓$31\frac{1}{2}$**		350	R2	10:16	N	$31\frac{3}{8}$/$31\frac{5}{8}$	N	50x10	(1)
10:22	N	$31\frac{1}{2}$/$31\frac{3}{4}$	N	10x10		10:11	N	**$31\frac{1}{2}$**		1	
10:22	P	$31\frac{1}{2}$/$31\frac{3}{4}$	N	1x10		10:07	N	**$31\frac{1}{2}$**		1	
10:22	B	$31\frac{1}{2}$/$31\frac{3}{4}$	N	1x10		10:07	N	**$31\frac{1}{2}$**		1	
10:20	N	$31\frac{5}{8}$/$31\frac{7}{8}$	N	10x10		09:57	N	**$31\frac{1}{2}$**		8	
10:20	N	**↓$31\frac{3}{4}$**		150		09:54	N	**↑$31\frac{1}{2}$**		15	
10:20	N	$31\frac{3}{4}$/$31\frac{7}{8}$	N	50x10		09:53	N	**↓$31\frac{3}{8}$**		100	
10:20	N	$31\frac{5}{8}$/$31\frac{7}{8}$	N	50x10		09:53	N	$31\frac{3}{8}$/$31\frac{5}{8}$	N	10x10	
10:19	N	$31\frac{3}{4}$/$31\frac{7}{8}$	P	50x6		09:52	N	$31\frac{3}{8}$/$31\frac{5}{8}$	N	10x10	
10:19	N	$31\frac{3}{4}$/$31\frac{7}{8}$	P	50x6		09:52	N	**↓$31\frac{1}{2}$**		100	
10:19	N	**$31\frac{7}{8}$**		5		09:51	N	$31\frac{1}{2}$/$31\frac{3}{4}$	N	10x20	
10:19	N	**↑$31\frac{7}{8}$**		5		09:50	N	$31\frac{1}{2}$/$31\frac{3}{4}$	N	10x4	
10:18	N	**↑$31\frac{3}{4}$**		5		09:50	N	**$31\frac{3}{4}$**		3	
10:18	N	$31\frac{5}{8}$/$31\frac{7}{8}$	N	50x10 (3)		09:50	N	$31\frac{1}{2}$/$31\frac{3}{4}$	N	10x5	
10:18	N	**↑$31\frac{5}{8}$**		5		09:50	N	**$31\frac{3}{4}$**		5	
10:17	N	$31\frac{1}{2}$/$31\frac{3}{4}$	N	50x10		09:50	N	**↑$31\frac{3}{4}$**		9	
10:17	N	$31\frac{1}{2}$/$31\frac{5}{8}$	N	50x10 (2)		09:50	N	**↑$31\frac{5}{8}$**		1	
10:17	N	$31\frac{3}{8}$/$31\frac{5}{8}$	N	150x10		09:50	N	$31\frac{1}{2}$/$31\frac{3}{4}$	N	10x20	

Gedruckt mit Erlaubnis von Bloomberg L.P.

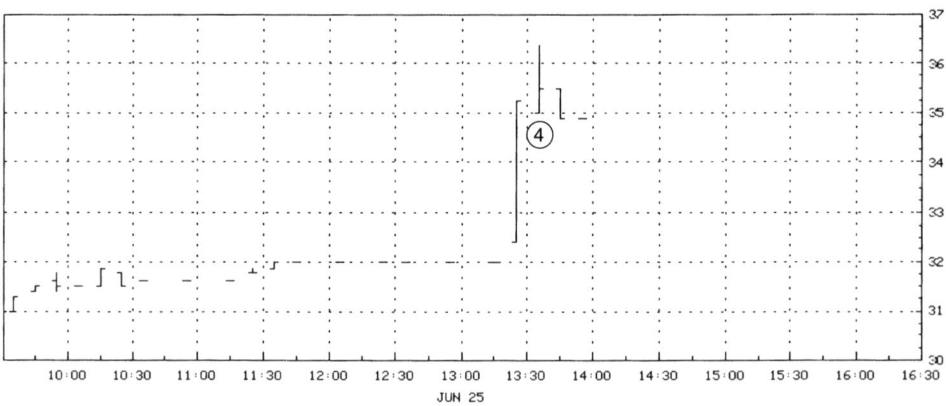

Gedruckt mit Erlaubnis von Bloomberg L.P.

Flores & Rucks, eine Aktie aus dem Energiebereich, wies nicht nur einen ADX-Wert von über 40 auf, sondern sie zählte auch zu Navelliers Empfehlungen. (Empfehlungen stellen immer ein Plus dar). Das tägliche Durchschnittsvolumen liegt bei weniger als 27.000 Aktien pro Tag.

1. Am 25. Juni 1996 handelte die Aktie höher. Um 10:16 zeigt sich ein Käufer für 5000 Aktien. Eine Minute später beteiligt sich ein anderer Käufer am Wettstreit. Nun stehen 15.000 Aktien zum Kauf.

2. Sofort wird das Bid auf 31½ angehoben und löst unser Kaufsignal aus.

3. Wir kaufen bei 31⅞. Unser Stop zur Absicherung liegt bei 31¼, ⅛ Punkt unterhalb des ursprünglichen Kaufpreises.

4. Die Aktie steigt um mehr als 4 Punkte nach oben, bevor der Kaufauftrag vollständig ausgeführt ist.

BEISPIEL 7.2 – Sun International Hotels

Page DG28 **Equity Q R M**
Screen printed.

M A R K E T / T R A D E   R E C A P Page 3

Time ___:___ Min Vol 100 Volumes scaled by 100
Date 7/ 1 Price Range ______ to ______

SUN INTL HOTELS LTD (SIH US) PRICE 48 N $

Time	E	Bid/Trd/Ask	E	Size	Cond	Time	E	Bid/Trd/Ask	E	Size	Cond
13:20	N	49 3/8 /49 3/4	N	50x1		13:13	N	49/49 1/8	N	10x5	
13:20	N	49 3/8 /49 3/4	B	50x1		13:13	N	49/49 1/8	N	5x5	
13:20	N	**↑49 5/8**		1		13:11	N	48 3/4 /49 1/8	N	50x5	
13:19	N	49 3/8 /49 5/8	N	50x1		13:00	N	48 5/8 /49	N	50x5	(2)
13:18	N	**49 1/2**		10		13:00	N	**48 7/8**		5	
13:18	N	**49 1/2**		5		13:00	N	**↑48 7/8**		5	
13:17	N	49 3/8 /49 3/4	N	50x5		12:38	N	48 1/2 /48 7/8	N	50x5	(1)
13:17	N	49 3/8 /49 5/8	B	50x1		12:24	N	**↓48 5/8**		34	
13:17	N	**49 1/2**		10		12:24	N	48 1/2 /48 7/8	N	10x5	
13:17	N	**↑49 1/2**		5		10:54	N	48 5/8 /49	N	20x5	
13:15	N	**49 1/4**		10		10:54	N	48 1/2 /49 1/8	N	5x5	
13:15	N	49 1/8 /49 1/2	N	50x5		10:54	N	**↑48 7/8**		11	
13:15	N	**↑49 1/4**		5		10:54	N	48 1/2 /49	B	5x1	
13:14	N	49/49 3/8	N	50x5		10:41	N	48 1/2 /48 7/8	N	5x5	
13:13	N	**49 1/8**		5		10:41	N	**↑48 3/4**		2	
13:14	N	49/49 1/4	B	50x1		10:39	N	48 3/8 /48 3/4	N	5x5	
13:13	N	**49 1/8**		5		10:39	N	**↓48 1/2**		6	
13:13	N	**↑49 1/8**		5		10:29	N	**↑48 3/4**		1	

Gedruckt mit Erlaubnis von Bloomberg L.P.

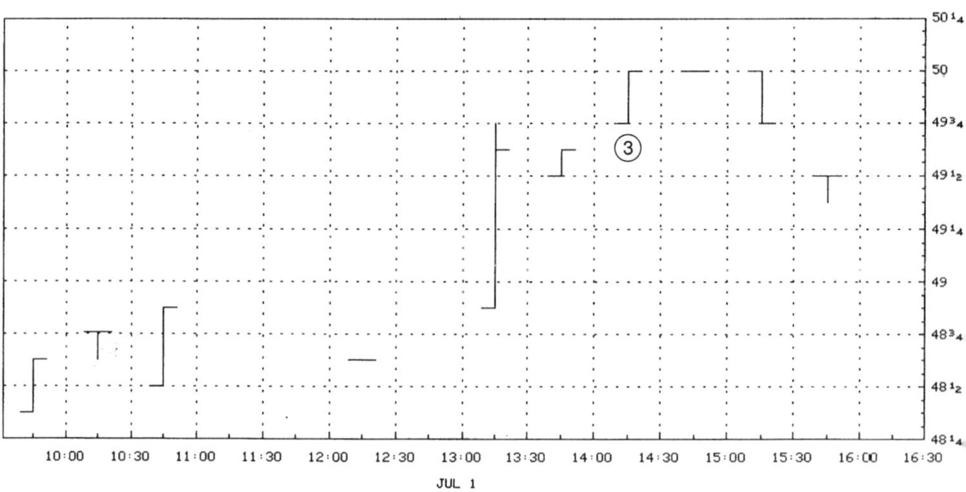

Gedruckt mit Erlaubnis von Bloomberg L.P.

Sun International hat einen ADX-Wert größer als 30, und der Trend zeigt nach oben, was durch den +DI-Wert, der größer als sein –DI-Wert ist, angezeigt wird. Das durchschnittliche tägliche Handelsvolumen liegt bei ungefähr 66.000 Aktien pro Tag.

1. Um 12:38. gibt es eine Nachfrage für 5000 Aktien zu einem Kurs von $48\frac{1}{2}$.

2. Um 13:00. wird das Gebot durch den Käufer auf $48\frac{5}{8}$ angehoben und löst ein Kaufsignal aus.

3. Unmittelbar danach schießt die Aktie nach oben, auf ein Hoch bei 50.

BEISPIEL 7.3 – Sturm Ruger

Page
Screen printed.

DG26 **Equity Q R M**

M A R K E T / T R A D E   R E C A P   Page 3

Volumes scaled by 100

Time : Min Vol **100**
Date **5/16** Price Range to

STURM RUGER & CO INC (RGR US) PRICE 50 N $

Time	E	Bid/Trd/Ask	E	Size	Cond	Time	E	Bid/Trd/Ask	E	Size	Cond
12:54	N	**48½**		3		12:50	N	**48**		5	
12:54	N	**↓48½**		3		12:50	N	**↑48**		5	
12:54	T	**↑48⅝**		5		12:50	N	47¾/48	N	100x5	
12:54	N	**↑48½**		6		12:50	N	47¾/47⅞	T	100x5	OLDE
12:53	N	48¼/48½	N	250x5 (4)		12:50	N	47¾/47¾	T	100x5 (1)	OLDE
12:53	N	**48¼**		5		12:49	N	47⅜/47¾	T	5x5	OLDE
12:53	N	48⅛/48½	N	100x5		12:49	N	**↑47¾**		5	
12:53	N	48⅛/48½	T	100x5	OLDE	12:48	M	**↓47⅜**		1	
12:53	N	48⅛/48¼	X	100x1 (3)		12:46	M	**47½**		2	
12:53	N	**48¼**		5		12:46	N	47⅜/47¾	T	5x5	OLDE
12:53	N	**48¼**		5		12:46	N	47⅜/47½	X	5x1	
12:52	N	**↑48¼**		12		12:46	M	**47½**		8	
12:50	N	48/48¼	N	250x5		12:46	M	47⅜/47½	X	8x1	
12:50	N	48/48¼	T	250x5	OLDE	12:46	N	**47½**		10	
12:50	N	48/48⅛	P	250x1		12:46	M	**47½**		8	
12:50	M	**↓47⅞**		1		12:46	N	**47½**		10	
12:50	N	48/48	X	250x1 (2)		12:46	N	**↑47½**		4	
12:50	N	**48**		5		12:34	M	47⅜/47½	N	8x5	

Gedruckt mit Erlaubnis von Bloomberg L.P.

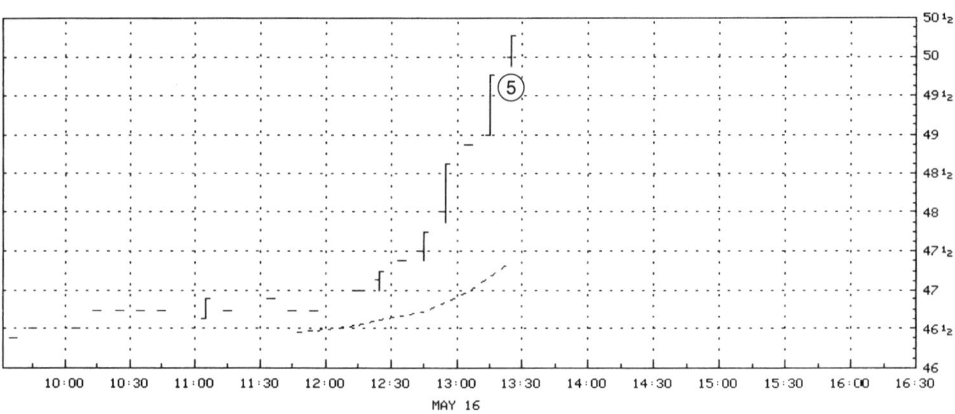

Gedruckt mit Erlaubnis von Bloomberg L.P.

Der Waffenproduzent Sturm Ruger erfährt eine sehr starke Aufwärtsbewegung im Frühjahr 1996. Das stellt nur ein Beispiel von vielen dar, wenn sich Institutionen in ihren Anstrengungen übertreffen, die Aktie zu kaufen.

1. Um 12:50 stellt ein Käufer ein Gebot für 10.000 Aktien mit 47¾.

2. Einige Sekunden später wird das Gebot auf 48 angehoben (wahrscheinlich durch einen anderen Käufer), wodurch ein Kaufsignal ausgelöst wird.

3. Noch einmal wird das Gebot gesteigert.

4. Ist dieses Spiel nicht lustig?

5. Die Aktie steigt bis auf 50¼, bevor die sich duellierenden Käufer ihre Aufträge ausgeführt bekommen.

BEISPIEL 7.4 – Chesapeake Energy Corp.

Page DG28 **Equity Q R M**
Screen printed.

M A R K E T / T R A D E R E C A P Page 13
Time : Min Vol 100 Volumes scaled by 100
Date 6/21 Price Range to
CHESAPEAKE ENERGY CORP (CHK US) PRICE $80\frac{1}{2}$ N $

Time	E	Bid/Trd/Ask	E	Size	Cond	Time	E	Bid/Trd/Ask	E	Size	Cond
09:45	P	$76\frac{7}{8}/77\frac{1}{8}$	N	1x30		09:36	N	↑77		8	
09:45	M	$76\frac{7}{8}/77\frac{1}{8}$	N	1x30		09:36	N	$76\frac{5}{8}/77$	N	50x5	(2)
09:45	N	↓77		1		09:36	N	$76\frac{3}{4}$		3	
09:44	N	$77/77\frac{1}{8}$	N	1x30		09:36	N	$76\frac{3}{4}$		2	
09:43	N	$76\frac{7}{8}/77\frac{1}{8}$	N	5x20		09:35	N	$76\frac{1}{2}/76\frac{7}{8}$	N	50x5	
09:42	T	$77\frac{1}{8}$		1		09:35	N	↑$76\frac{3}{4}$		7	
09:40	N	$76\frac{7}{8}/77\frac{1}{8}$	N	5x5		09:34	P	$76\frac{5}{8}$		1	
09:39	N	$76\frac{7}{8}/77\frac{1}{4}$	N	5x5		09:33	N	$76\frac{1}{2}/76\frac{3}{4}$	N	50x10	(1)
09:39	N	$77\frac{1}{8}$		2		09:33	N	$76\frac{1}{2}/76\frac{3}{4}$	N	10x10	
09:38	T	$77\frac{1}{8}$		4		09:33	N	$76\frac{5}{8}$		1	
09:38	T	$77\frac{1}{8}$		5		09:33	P	$76\frac{5}{8}$		2	
09:37	N	$76\frac{7}{8}/77\frac{1}{8}$	N	5x5		09:33	M	$76\frac{5}{8}$		1	
09:37	N	↑$77\frac{1}{8}$		5		09:33	M	$76\frac{5}{8}$		1	
09:37	N	$76\frac{3}{4}/77\frac{1}{8}$	N	2x5		09:33	N	↑$76\frac{5}{8}$		19	
09:37	N	77		3							
09:37	N	77		3							
09:36	N	77		2							
09:36	N	$76\frac{3}{4}/77$	N	2x5							

Gedruckt mit Erlaubnis von Bloomberg L.P.

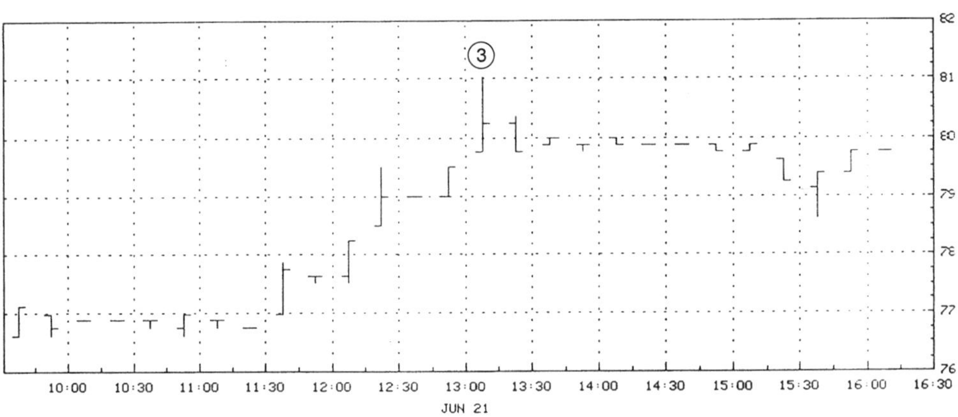

Gedruckt mit Erlaubnis von Bloomberg L.P.

Chesapeake Energy Corp.

1. 5000 Aktien nachgefragt bei 76½.
2. Drei Minuten später steigt der Bid-Kurs auf 76⅝, womit unser Signal ausgelöst wurde.
3. Der Chart zeigt, wie die Aktie bis auf über 81 davonzog, bevor jeder Kaufauftrag ausgeführt werden konnte.

Zusammenfassung

Warum funktioniert diese Strategie? Ich glaube, auf Grund der Kombination von verschiedenen Faktoren:

1. Wir handeln Aktien mit ziemlich geringem Handelsvolumen. Käufer einer großen Anzahl von Aktien haben Schwierigkeiten, diese Aktien zu akkumulieren.

2. Wir handeln mit Aktien, deren Trend sehr stark ist. Aktien in einem Aufwärtstrend ziehen Momentumkäufer an, die die Aktie weiter nach oben treiben, was wiederum neue Käufer hervorruft.

Bei der Strategie *Kaufen vor dem großen Volumen* habe ich auch einen Puffer für den Fall, dass der Kurs sich dreht. Hier gibt es jedoch ein Problem mit dieser Strategie. Sehr häufig ist es beinahe unmöglich, mehr als einige tausend Aktien zu kaufen, bevor sich die Aktie weiter nach oben bewegt. Wenn Sie für gewöhnlich eine höhere Anzahl an Aktien handeln, dann ist diese Strategie nicht für Sie geeignet. Für die Mehrheit der kurzfristig orientierten Händler wird sich diese Strategie jedoch als eine Goldgrube erweisen.

Die Frage, die Sie sich nun vielleicht stellen, ob Sie damit auch schwache Aktien auf der Shortseite handeln können, kann mit Ja beantwortet werden. Es funktioniert genauso, auf fallende Kurse zu spekulieren, ausgenommen dem einen Problem – Sie müssen auf einen Aufwärtstick warten. Wenn die/der Verkäufer aggressiv genug in ihrem/seinem Vorhaben, die Aktien abzustoßen, sind/ist, kann es vorkommen, dass Sie keinen Aufwärtstick erhalten, bevor die Verkaufswelle vorüber ist. Es liegt in Ihrem Ermessen und ist von Ihrer Erfahrung abhängig, aber diese Strategie ist für Aktien in einem Abwärtstrend absolut anwendbar.

Kapitel 8

Expansion Pivots™

Das Glück befindet sich immer auf der Seite des größten Bataillons.
Marquis de Sèvingnè

Expansion Pivots stellen eine weitere Strategie für eine Ausdehnung der täglichen Handelsspanne dar. Ich setze sie ein, um herauszufinden, ob institutionelle Anleger in eine Aktie drängen oder aus einer Aktie aussteigen.

Über Jahre hinweg habe ich oftmals beobachtet, wie Aktien für eine gewisse Zeit um ihren 50-Tage-Durchschnitt schwanken und dann ohne Warnung entweder nach oben schiessen oder nach unten fallen. Dieser Explosion folgt eine Bewegung von zumindest einigen Tagen, was Händlern wie mir die Möglichkeit bietet, daran gewinnbringend teilzunehmen.

Warum hat der 50-Tage-Durchschnitt so eine Bedeutung? Weil eben institutionelle Anleger und Händler diesen als einen Benchmark-Indikator verwenden. Das bedeutet, wenn eine Aktie sich mit einer starken Bewegung von diesem Niveau wegbewegt, werden buchstäblich Tausende von Money Managern und Händlern darauf aufmerksam. Diese Gruppe springt dann entweder in die Aktie rein oder aus ihr raus, während sie sich vom dem Gleitenden Durchschnitt wegbewegt. Wie Sie in einigen der folgenden

Beispiele sehen werden, kann die Bewegung vom 50-Tage-Durchschnitt bedeutend sein.

Hier sind die Regeln:

Für Käufe:

1) Die heutige Handelsspanne ist größer als die tägliche Handelsspanne der vergangenen neun Handelssitzungen.
2) Entweder gestern oder heute handelt die Aktie am oder unterhalb des 50-Tage-Durchschnitts und schießt nach oben.
3) Morgen kaufen wir ⅛ Punkt oberhalb des Hochkurses von dem Tag, als die Aktie nach oben schoss.
4) Unser Eingangsstop zur Absicherung befindet sich 1 Punkt unterhalb des Schlusskurses des Tages mit der Explosion.

Für Leerverkäufe:

1) Die heutige Handelsspanne ist größer als die tägliche Handelsspanne der vergangenen neun Handelssitzungen.
2) Entweder gestern oder heute handelt die Aktie an oder oberhalb ihres 50-Tage-Durchschnitts und stürzt ab.
3) Morgen verkaufen wir mit ⅛ Punkt unterhalb des Tiefs des Tages, als die Aktie abstürzte.
4) Unser Eingangsstop zur Absicherung liegt 1 Punkt oberhalb des Schlusskurses des Tages mit dem Kurssturz.

BEISPIEL 8.1 – IBM

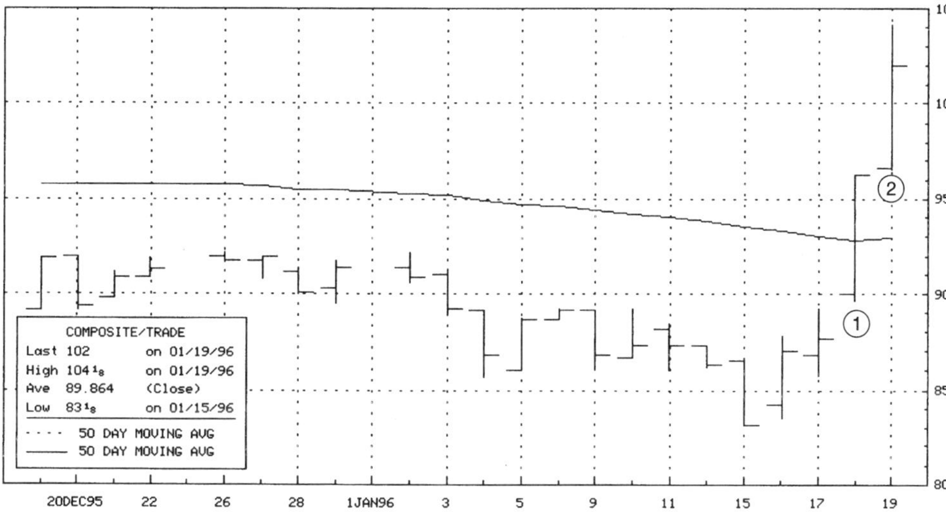

Gedruckt mit Erlaubnis von Bloomberg L.P.

1. 18 Januar 1995 – IBM überschreitet ihren 50-Tage-Durchschnitt, und die tägliche Handelsspanne ist größer als die tägliche Handelsspanne der neun vorhergehenden Sitzungen. Wenn sie morgen ⅛ über dem heutigen Hoch von 96¼ notiert, werden wir kaufen und unseren Stop zur Absicherung bei 95¼, 1 Punkt unterhalb des heutigen Schlusskurses, setzen.

2. IBM eröffnet bei 96⅝ und löst damit ein Kaufsignal aus. Wir sind long. Das Tief des Tages liegt bei 96½, und wir schließen 5⅜ Punkte über unserem Einstiegskurs.

Eine Zusatzbemerkung: Häufig führt dieses Muster zu substantiellen mittelfristigen Bewegungen. In diesem Beispiel stieg IBM während der nächsten fünf Wochen bis auf 128⅞.

BEISPIEL 8.2 – Newbridge Networks

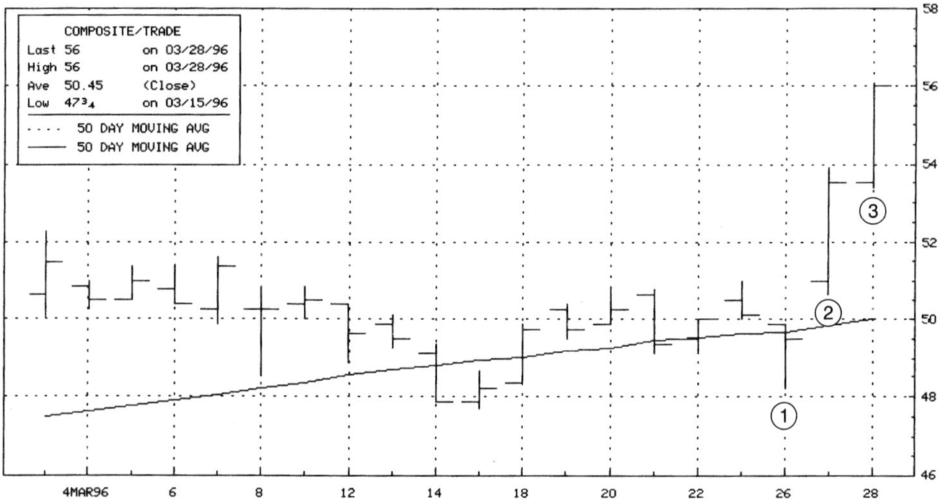

Gedruckt mit Erlaubnis von Bloomberg L.P.

1. Newbridge Networks schwankt um ihren 50-Tage-Durchschnitt.

2. Am nächsten Tag schießt die Aktie nach oben und weist die größte Handelsspanne von 10 Handelstagen auf.

3. Wir kaufen ⅛ Punkt oberhalb des Vortageshochs. Die Aktie schließt 2 Punkte oberhalb unseres Einstiegspunktes.

BEISPIEL 8.3 – Security Dynamics Technologies

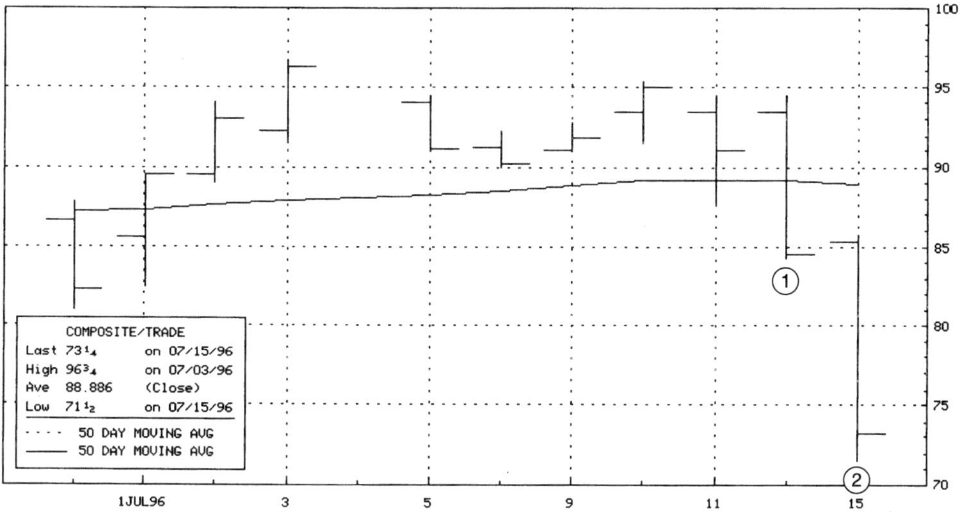

Gedruckt mit Erlaubnis von Bloomberg L.P.

1. Security Dynamics Technologies unterschreitet ihren 50-Tage-Durchschnitt und erreicht eine 10-Tage-Ausdehnung der Handelsspannen.

2. Wir verkaufen leer bei 84½, ⅛ Punkt unterhalb des Vortagestiefs. Die Institutionellen stoßen ab, wodurch die Aktie um mehr als 11 Punkte intraday einbricht.

BEISPIEL 8.4 – Fila

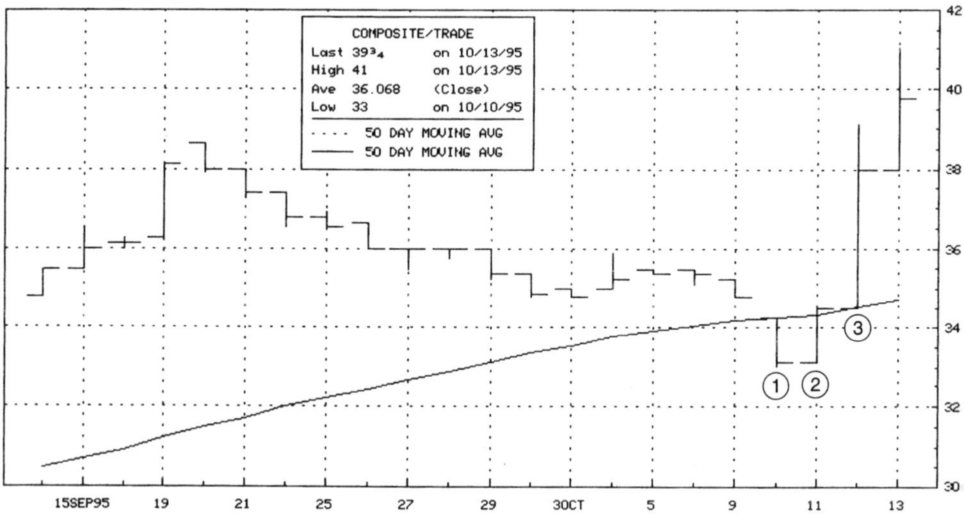

Gedruckt mit Erlaubnis von Bloomberg L.P.

Hier haben Sie eine Ausgangssituation, die sich in beide Richtungen entwickeln hätte können.

1. Eine Vergrößerung der Handelsspanne beim Unterschreiten des 50-Tage-Durchschnitts.

2. Wir würden leer verkaufen, wenn sie unter 33 fällt. Tatsächlich kehrt die Aktie um, überschreitet ihren 50-Tage-Durchschnitt und weist die größte Schwankungsbreite der letzten zehn Tage auf.

3. Kauf bei 34⅝. Die Aktie schließt bei 38.

BEISPIEL 8.5 – Schlumberger

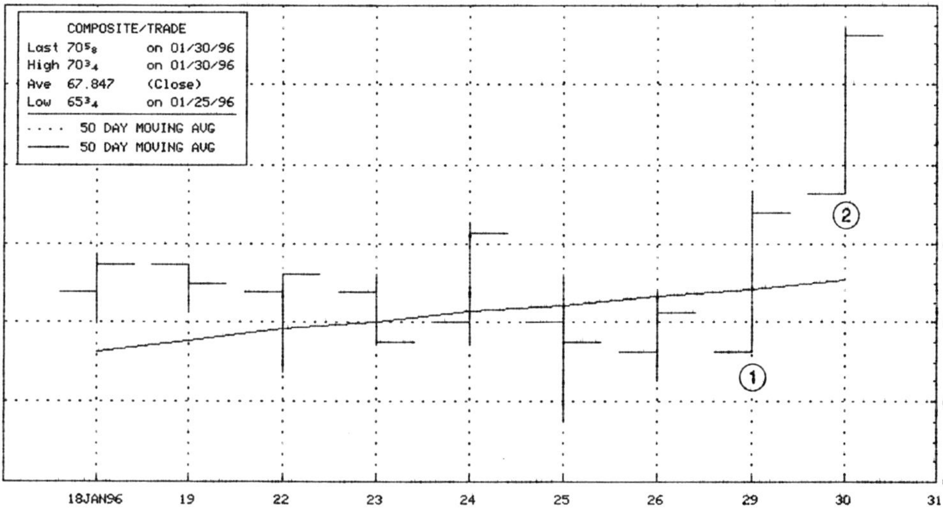

Gedruckt mit Erlaubnis von Bloomberg L.P.

1. Schlumberger **überwindet ihren 50-Tage-Durchschnitt** und weist die größte Schwankungsbreite der letzten zehn Tage auf.

2. Wir kaufen bei 68¾. Die Aktie steigt bis zu einem Intraday-Hoch von 70¾.

BEISPIEL 8.6 – Zenith Electronics

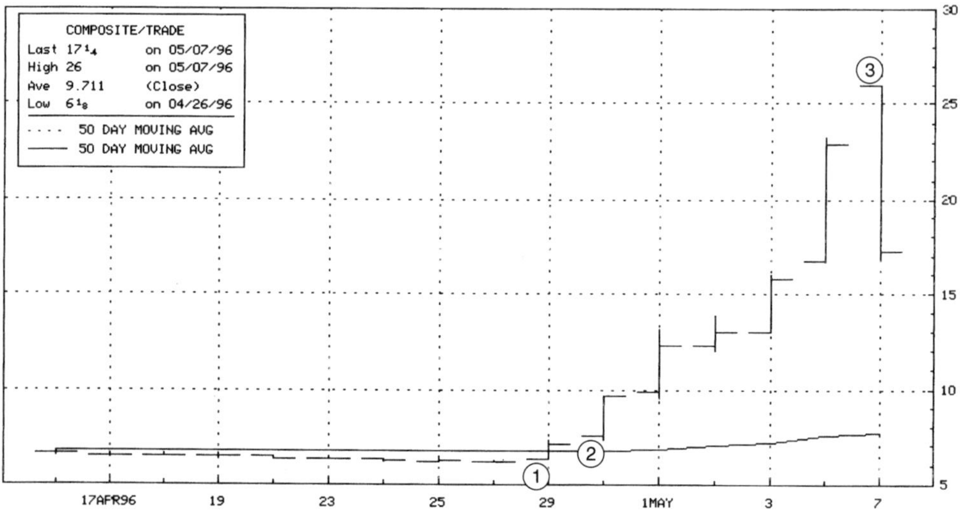

Gedruckt mit Erlaubnis von Bloomberg L.P.

Obwohl es sich um ein Niedrigpreis-Beispiel handelt, spiegelt es die potentielle Auswirkung dieser Strategie wider.

1. Zenith steigt über ihren 50-Tage-Durchschnitt mit der größten Schwankungsbreite von 10 Tagen. Es handelt sich auch um ein Expansion Breakout, was das Ausgangsmuster noch stärker macht (siehe *Die Teile zusammensetzen*, Kapitel 16).

2. Kauf bei 7½. Die Aktie schließt bei 9⅝.

3. Die Aktie steigt während der folgenden Woche über 200 Prozent an. (Nein, ich handelte diesen Trade nicht).

Zusammenfassung

Expansion Pivots nützen den Herdentrieb an der Wall Street aus. Da so viele Spieler den 50-Tage-Durchschnitt beobachten, führt jede bedeutende Bewegung von diesem Durchschnitt dazu, dass alle zur gleichen Zeit in diese Aktien einsteigen oder aus ihr aussteigen. Das schafft einen Impuls in eine Richtung, und ich möchte Teil dieses Momentums sein. Wie Sie bei einigen Beispielen sehen konnten, führt dieses Momentum manchmal zu längerfristigen Bewegungen, die mich aber schon nicht mehr interessieren. Ich nutze diese Strategie, indem sie mir einen kurzfristigen Weg des geringsten Widerstands weist, und da so viele Spieler Aktien gleichzeitig kaufen und verkaufen, ist dieser Pfad normalerweise offen.

Kapitel 9

180's™

Wenn sich Gegensätze ergänzen,
befindet sich alles in Harmonie.
Lao Tsu

“180's” ist eine Strategie, mit der ich Aktien erkenne, die eine eintägige Trendumkehr haben und dann den Trend wieder aufnehmen. Einfach dargestellt, handelt es sich um ein Umkehrmuster von zwei Tagen in die Richtung des Trends. Dieses Muster ist eines von den einfach zu erkennenden. Mit ein wenig Übung wird es Ihnen ins Auge springen.

Wie ich schon anführte, neige ich dazu, die Aktien in die Richtung ihres Trends zu handeln. Fortwährend suche ich nach festen Aktien, die konsolidieren. Ich lauere darauf, aufspringen zu können, wenn sie ihre Bewegung (nach oben oder unten) wieder aufnehmen. 180's ist dafür die perfekte Strategie. Innerhalb eines Aufwärtstrends wartet dieses Muster darauf, dass eine Aktie mit festem Trend nahe dem Tief der täglichen Handelsspanne schließt und am nachfolgenden Tag nahe dem Hoch der Schwankungsbreite schließt.

Hier sind die Regeln:

Für Käufe

1) Am ersten Tag muss die Aktie im unteren Viertel ihrer Handelsspanne schließen. Am zweiten Tag muss sie im oberen Viertel ihrer Handelsspanne schließen.

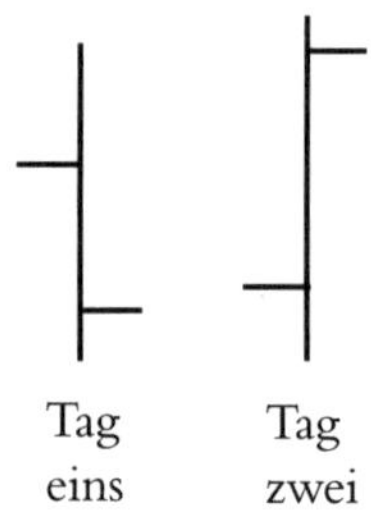

2) Nur am zweiten Tag muss der Aktienkurs sowohl über seinem 10-Tage- als auch über seinem 50-Tage-Durchschnitt schliessen. (Weder ADX noch die Relative Stärke werden hierfür benötigt, da der Trend durch seinen Kurs relativ zu seinem Gleitenden Durchschnitt definiert wird).

3) Nur am dritten Tag, Kaufen Sie bei ⅛ Punkt über dem Hoch von Tag zwei.

4) Unser Eingangsstop zur Absicherung liegt 1 Punkt unterhalb unseres Einstieges.

Für Leerverkäufe

1) Am ersten Tag muss die Aktie im oberen Viertel ihrer Handelsspanne schließen. Am zweiten Tag muss sie im unteren Viertel ihrer Handelsspanne schließen

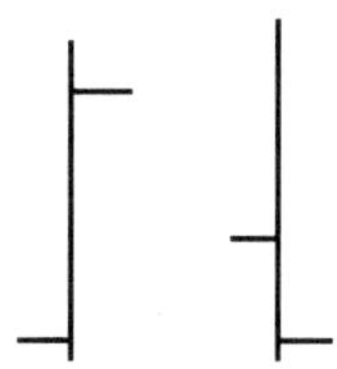

2) Die Aktie muss nur am zweiten Tag sowohl unterhalb ihres 10-Tage- wie auch unterhalb ihres 50-Tage-Durchschnitts schliessen.

3) Nur am dritten Tag verkaufen wir leer; ⅛ Punkt unterhalb des Tiefs von Tag zwei.

4) Unseren Eingangsstop zur Absicherung setzen wir 1 Punkt oberhalb unseres Einstieges.

Schauen wir nun zu sechs Beispielen:

BEISPIEL 9.1 – Microsoft

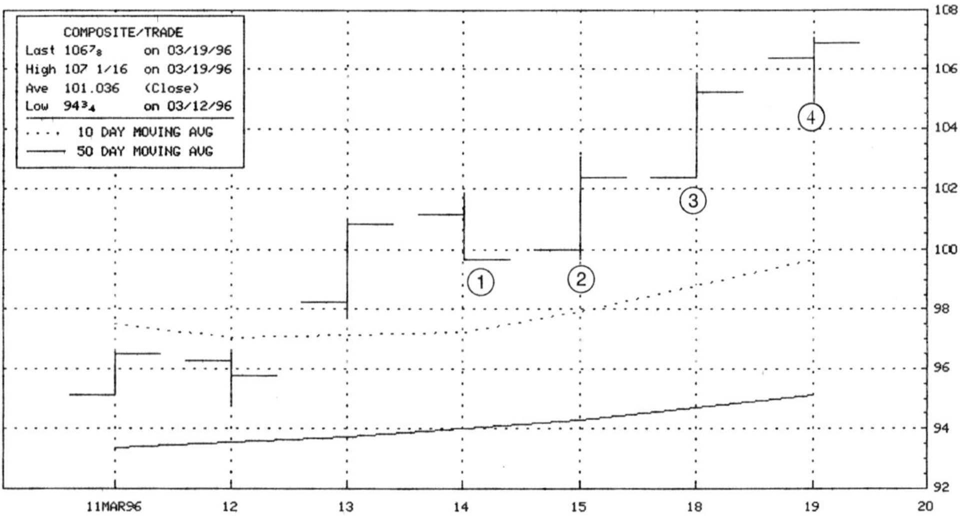

Gedruckt mit Erlaubnis von Bloomberg L.P.

1. Microsoft schließt im unteren Viertel ihrer Tageshandelsspanne.

2. Am nächsten Tag schließt sie im oberen Viertel ihrer Tageshandelsspanne und oberhalb ihres 10-Tage- und 50-Tage-Durchschnitts.

3. Wir kaufen ⅛ Punkt oberhalb des Vortageshochs von 103⅛. Unser Stop liegt bei 102¼.

4. Microsoft steigt 3¾ Punkte über unseren Einstiegskurs.

BEISPIEL 9.2 – Potash

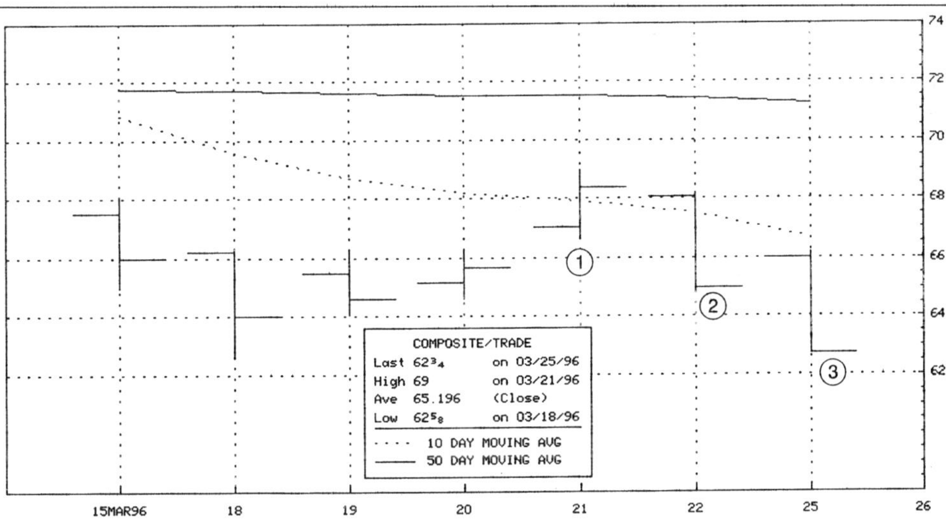

Gedruckt mit Erlaubnis von Bloomberg L.P.

Besonders gerne handle ich diese Aktie. Die Spezialisten neigen dazu, ihr aus dem Weg zu gehen, wenn großes Volumen hereinkommt und dadurch gute Volatilität erzeugt wird.

1. Die Aktie schließt im oberen Viertel der Handelsspanne.

2. Potash schließt im unteren Viertel ihrer Handelsspanne und unterhalb ihres 10-Tage- und 50-Tage-Durchschnitts.

3. Unser Verkaufssignal wird bei 64⅝, ⅛ Punkt unterhalb des Vortagestiefs ausgelöst. Unser Stop befindet sich bei 65⅝. (Obwohl es der Chart nicht zeigt, erreicht die Aktie unseren Kaufstop zur Absicherung nie, auch nachdem wir leer verkauft haben). Potash schließt bei 62¾ mit einem Gewinn von 1⅞ Punkten.

BEISPIEL 9.3 – Cabletron Systems

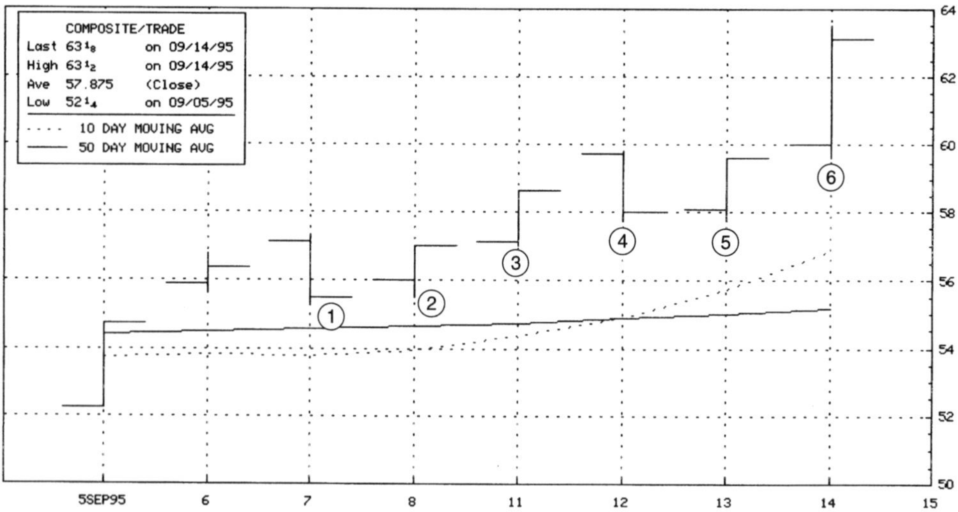

Gedruckt mit Erlaubnis von Bloomberg L.P.

Hier ergeben sich während einer 6-Tage-Periode zwei gewinnbringende Trades in Cabletron Systems.

1. Schließt im unteren Viertel ihrer Handelsspanne.
2. Schließt im oberen Viertel ihrer Handelsspanne und über dem 10-Tage- und 50-Tage-Durchschnitt.
3. Kauf bei 57⅛. Die Aktie schließt bei 58⅝.
4. Schließt im unteren Viertel.
5. Schließt im oberen Viertel und über ihrem 10-Tage- und 50-Tage-Durchschnitt.
6. Kauf bei 60. Die Aktie schließt bei 63⅛ mit 3⅛ Punkten Gewinn für den Tag.

BEISPIEL 9.4 – Dell Computer

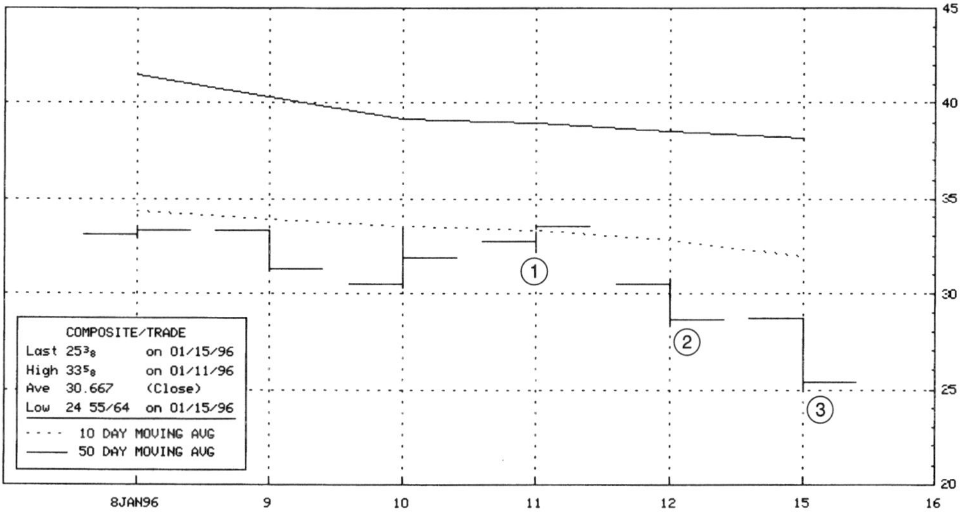

Gedruckt mit Erlaubnis von Bloomberg L.P.

Ein anderes Short-Muster:

1. Ein Schlusskurs im oberen Viertel.

2. Ein Schlusskurs im unteren Viertel und unterhalb des 10-Tage und 50-Tage-Durchschnitts.

3. Eine Kursbeständigkeit vom Feinsten. Leerverkauf bei 28⅛. Die Aktie schließt 2⅝ Punkte tiefer bei 25⅜.

BEISPIEL 9.5 – Halbleiter-Index

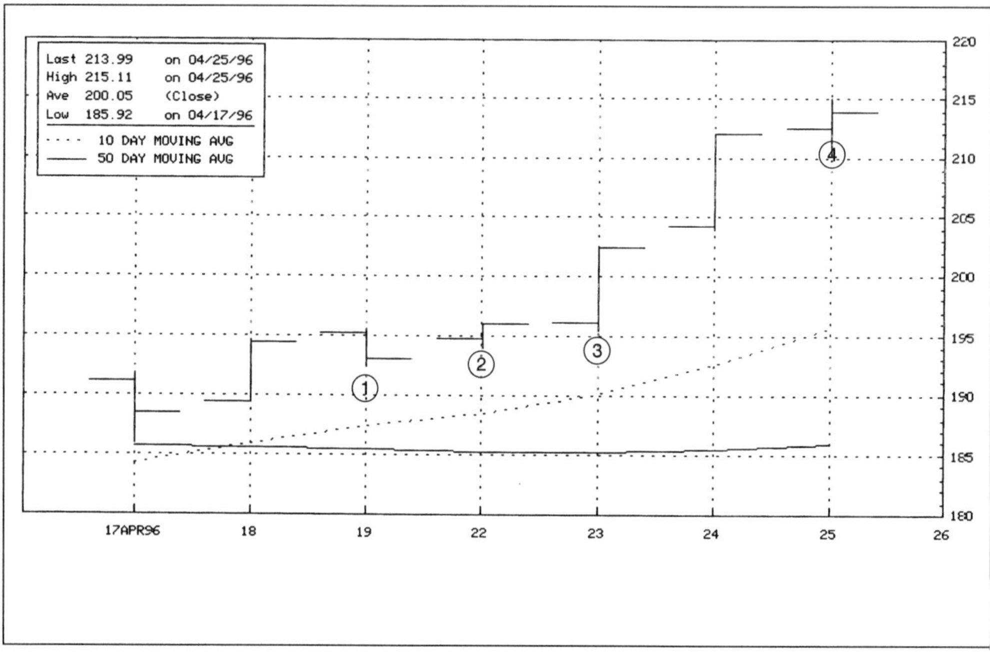

Wie ich herausfand, funktionieren diese Muster in den Branchenindices besonders gut, da Sektoren dazu neigen, eine höhere Kursbeständigkeit an den Tag zu legen als einzelne Aktien. Ich denke, wenn sich institutionelle Anleger dazu entscheiden, sich in einer Branche zu engagieren, dauert es einige Zeit, bis sich alle eingedeckt und ihr Soll aufgefüllt haben.

1. Der Halbleiter-Index schließt im unteren Viertel seiner Handelsspanne.
2. Der Index schließt am nächsten Tag im oberen Viertel seiner Handelsspanne.
3. Wir gehen bei einer Spanne von 196,05 long (via Optionen). Der Index steigt bis zum Schluss um über 6 Punkte.
4. Der Halbleiter-Index steigt während der nächsten drei Handelssitzungen 12 Punkte höher.

BEISPIEL 9.6 – NASDAQ 100 Index

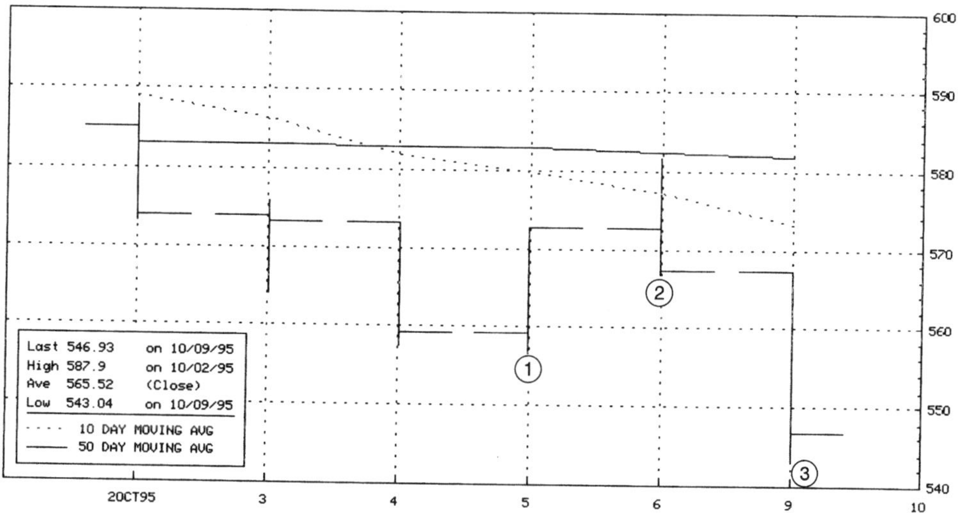

Gedruckt mit Erlaubnis von Bloomberg L.P.

Der NASDAQ 100 (NDX) weist ziemliche Volatilität auf und eignet sich ausgezeichnet für diese Strategie.

1. Ein Schlusskurs im oberen Viertel.

2. Ein Schlusskurs im unteren Viertel und unterhalb des 10-Tage- und 50-Tage-Durchschnitts.

3. Der NASDAQ 100 fällt über 20 Punkte am Tag unseres Shortengagements!

Zusammenfassung

Bis jetzt sollten Sie erkannt haben, wie einfach die vorgestellte Strategie in den Märkten identifiziert und gehandelt werden kann. Genauso wie bei den meisten meiner Strategien riskieren wir nur eine geringe Summe, handeln in die Richtung des vorherrschenden Trends und partizipieren an der Wiederaufnahme des Trends. Obwohl ich diese Strategie lieber im Day Trading anwende, halte ich häufig eine Position über Nacht (bis zur Eröffnung am nächsten Tag), ganz besonders dann, wenn sie zu meinen Gunsten fest schließt.

Ein zusätzlicher Punkt muss in Bezug auf den 180's in Betracht gezogen werden. Wenn diese Ausgangssituation gemeinsam mit einem neuen Hoch- oder Tiefstand der vergangenen 60 Tage auftritt, dann werde ich ziemlich sicher die Position über Nacht halten. Die darauf folgende Bewegung am nächsten Morgen ist häufig signifikant. Diese Doppel-Kombination zeigt fortwährende Stärke oder Schwäche an, und Sie können einige ihrer besten Erfolge während dieser Phase erzielen.

[TEIL 2]

Hilfsstrategien

In den folgenden sieben Kapiteln stelle ich meine weiterführenden Strategien dar. Die meisten sind genauso profitabel wie meine Hauptstrategien, treten aber seltener auf.

Machen Sie sich auch Gedanken über Kapitel 16, “Die Teile zusammensetzen”. Dieses Kapitel diskutiert das Auftreten von mehreren verschiedenen Signalen. Ich fand heraus, dass diese Situation zu höchst profitablen Ergebnissen führt.

Kapitel 10

Gilligan's Island

Ein leerer Sack kann nicht aufrecht stehen.
Benjamin Franklin

"Gilligan's Island" ist eine Ausgangssituation, die ich verwende, um kurzfristige Gap-Umkehrungen zu handeln. Ein Gap ist nichts anderes als ein Markt, der oberhalb oder unterhalb des Vortageshochs oder -tiefs eröffnet.

Üblicherweise werden Gaps durch Veröffentlichung von Neuigkeiten vor Markteröffnung verursacht. Ein Bericht, der bessere Ergebnisse verkündet als zu erwarten war, oder eine Empfehlung, die durch ein Brokerhaus ausgesprochen wird, veranlassen Aktien mit einem Gap höher zu eröffnen. Schlechte Gewinne, eine Minderung der Ratings durch ein Brokerhaus, etc., lassen Aktien mit einem Gap nach unten eröffnen.

Gilligan's Island sollten die Gute-Nachrichten-Bullen und die Schlechte-Nachrichten-Bären dieser Welt ausnützen. Ich habe über die Jahre hinweg häufig beobachtet, wie Aktien bei guten Nachrichten mit einem Gap auf neue Hochs oder auf Grund von schlechten Nachrichten mit einem Gap auf ein neues Tief reagierten, nur um sich kurz danach wieder umzukehren und die Kurslücke zu schließen. Da jedoch nicht alle Gaps geschlossen werden, fing ich an, jene Elemente der Kursbewegung zu isolieren, die am besten eine solche Trendumkehr vorhersagen. Nach viel Researcharbeit und unzähligen Tests entdeckte ich, dass Gilligan's Island dies sehr gut kann.

Für ein Gilligan's Island benötige ich idealerweise eine Aktie mit einem Aufwärtstrend, die mit einem Gap nach oben eröffnet und anschließend umkehrt. Ich versuche dann am nächsten Tag für den Ritt nach unten einzusteigen. Häufig sind diese Umkehrungen nur von kurzer Dauer, aber gelegentlich identifizieren sie ein mittel- bis langfristiges Hoch, und die daraus resultierenden Profite sind signifikant.

Hier sind die Regeln:

Für Käufe:

1) Eine Aktie muss mit einem Gap auf einem neuen Zwei-Monats-Tief eröffnen. Je größer das Gap, um so besser.

2) Die Aktie muss bei oder in der oberen Hälfte ihrer Tagesspanne und gleich oder oberhalb der Eröffnung schliessen.

3) Nur am nächsten Tag kaufen wir ⅛ Punkt oberhalb des heutigen Hochs.

4) **Risiko 1 Punkt.**

5) Halten Sie die Position über Nacht, für den Fall, dass die Aktie fest schließt.

Für Leerverkäufe:

1) Eine Aktie muss mit einem Gap nach oben auf einem neuen Zwei-Monats-Hoch eröffnen. Je größer das Gap, um so besser.

2) Der Schlusskurs der Aktie befindet sich bei oder in der unteren Hälfte ihrer täglichen Handelsspanne und ist gleich oder liegt unterhalb der Eröffnung.

3) Nur am nächsten Tag verkaufen Sie die Aktie ⅛ Punkt unter dem heutigen Tief.

4) **Riskieren Sie nie mehr als 1 Punkt.**

5) Falls die Aktie einbricht, halten Sie sie bis zum nächsten Morgen. Es gibt vielleicht eine Fortsetzung.

BEISPIEL 10.1 – America Online

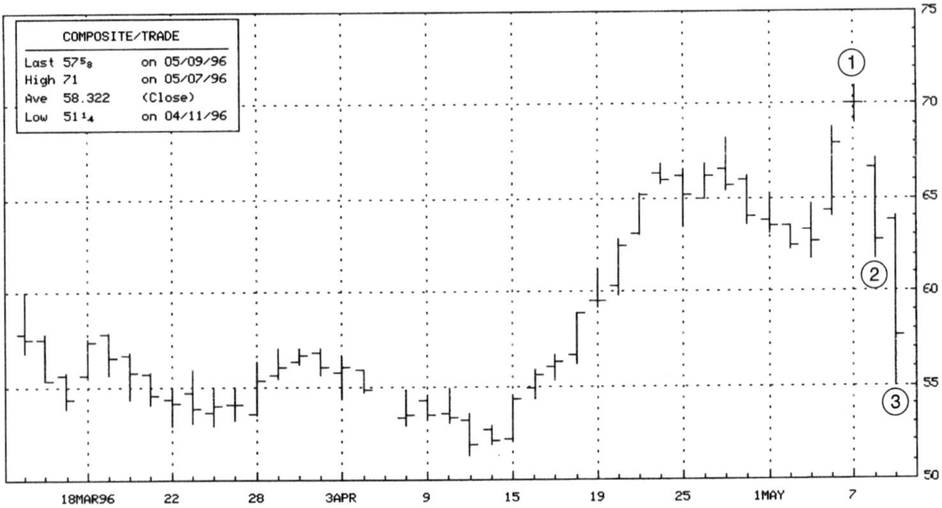

Gedruckt mit Erlaubnis von Bloomberg L.P.

1. America Online eröffnet mit einem Gap auf einem Zwei-Monats-Hoch, schließt an ihrem Eröffnungskurs und in der unteren Hälfte der Tageshandelsspanne.

2. Die Aktie eröffnet unterhalb des Vortagestiefs, und ein Leerverkaufssignal wird bei 66⅝ ausgelöst. Unser anfänglicher Eingangsstop zur Absicherung befindet sich bei 67⅝.

3. Die Aktie fällt unvorstellbare 11⅝ Punkte unterhalb unseres Einstiegs.

BEISPIEL 10.2 – Pairgain Technologies

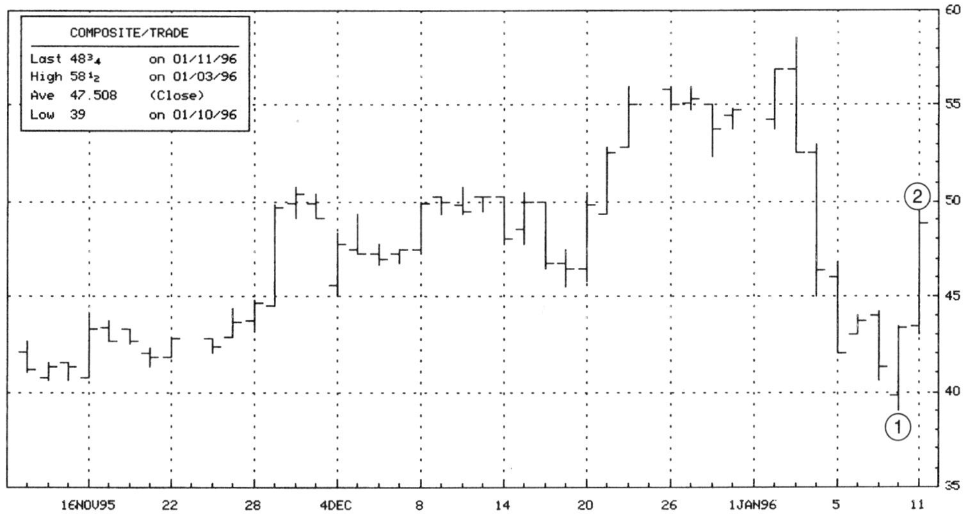

Gedruckt mit Erlaubnis von Bloomberg L.P.

1. Pairgain Technologies eröffnet auf einem Zwei-Monats-Tief und dreht.

2. Wir kaufen bei 43⅝ oberhalb des Vortageshochs, und die Aktie steigt intraday um mehr als 6 Punkte über unseren Einstieg.

BEISPIEL 10.3 – Electronic Arts

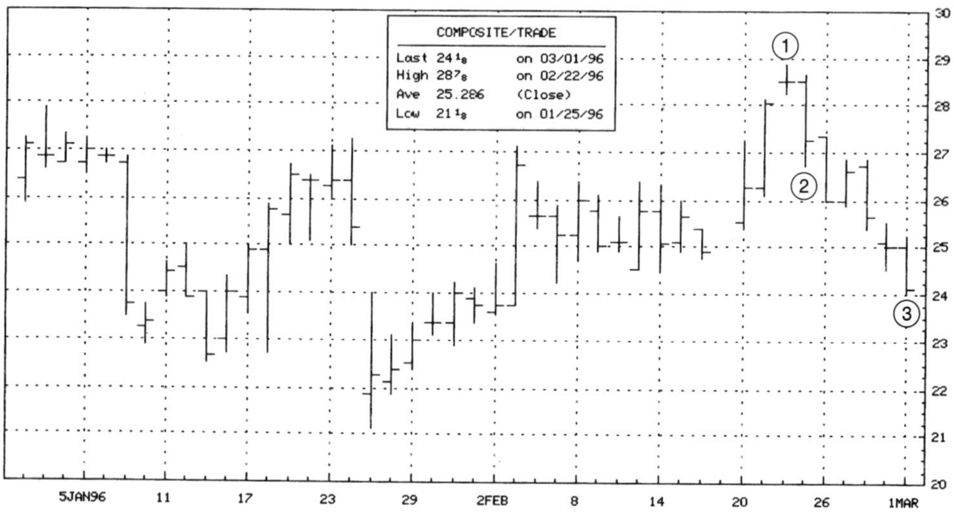

Gedruckt mit Erlaubnis von Bloomberg L.P.

1. Electronic Arts eröffnet mit einem Gap bei einem Zwei-Monats-Hoch, schließt zum gleichen Kurs wie die Eröffnung in der unteren Hälfte ihrer Handelsspanne.

2. Wir verkaufen leer bei 28⅛ unterhalb des Vortagestiefs. Unser Eingangsstop zur Absicherung befindet sich bei 29⅛, 1 Punkt oberhalb unseres Einstieges.

3. Electronic Arts verliert mehr als 15 Prozent ihres Wertes während der nächsten Woche.

BEISPIEL 10.4 – Netscape

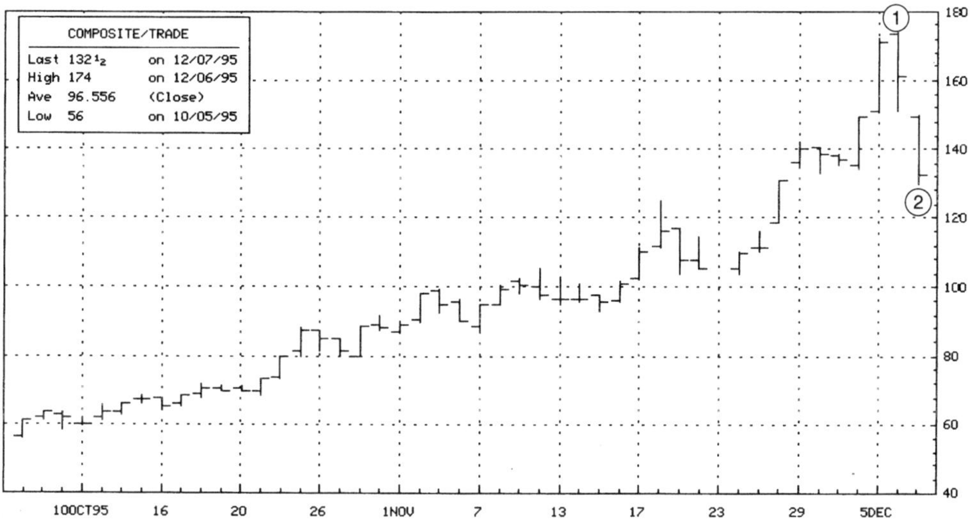

Gedruckt mit Erlaubnis von Bloomberg L.P.

1. Netscape eröffnet mit einem Gap an einem neuen 60-Tage-Hoch, schließt in der unteren Hälfte ihrer Handelsspanne und unterhalb des Eröffnungskurses.

2. Die Aktie eröffnet bei 149½ unterhalb des Vortagestiefs. Wir sind short. Wir riskieren 1 Punkt mit einem Stop bei 150½. Wie Sie sehen können, ist die Umkehr scharf, und die Aktie bricht auf 132½ ein, 17 Punkte unter unserem Einstieg.

BEISPIEL 10.5 – Netscape

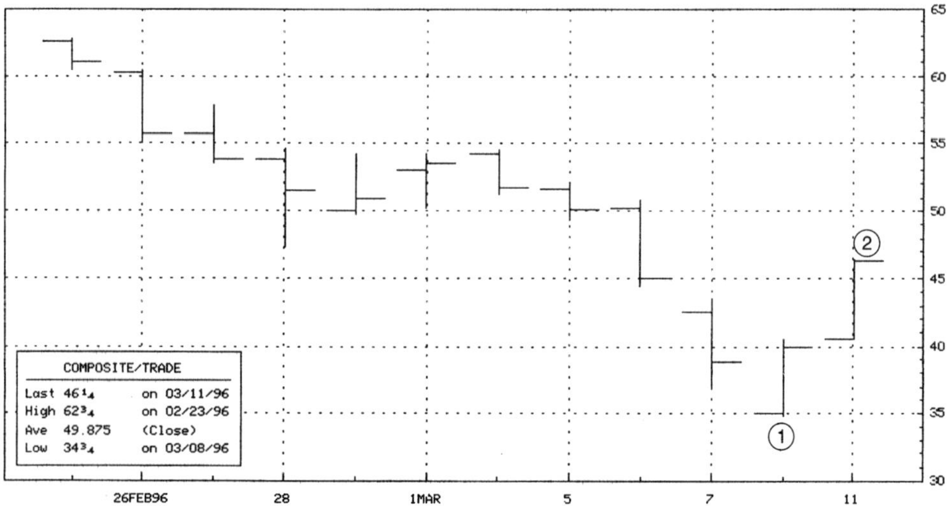

Gedruckt mit Erlaubnis von Bloomberg L.P.

Hier haben wir Netscape von der Käuferseite einige Monate später (der Chart reflektiert einen Aktiensplit im Verhältnis 2 zu 1).

1. Eröffnet mit einem Gap an einem Zwei-Monats-Tief und dreht.

2. Kauf bei 40⅝. Schlusskurs bei 46¼.

Zusammenfassung

Warum funktioniert dieses Muster? Meine Vermutung ist, dass es sich hier um ein klassisches Beispiel für "Kauf bei Kanonendonner, Verkaufe bei guten Nachrichten" handelt. Die Aktie stieg, weil gute Nachrichten vorweggenommen wurden. Analysten und Managern wurden Informationen über bevorstehende gute Nachrichten geflüstert, und diese fuhren fort, die Aktie immer höher zu treiben. Als die Nachrichten dann schließlich veröffentlicht wurden, kauften die Kleinanleger als letztes. Nachdem nun diese schwachen Hände die Aktien besaßen, begann das "informierte" Geld die Bids zu bedienen, und die Gewinne mitzunehmen. Üblicherweise dauern diese Gewinnmitnahmen einige Tage und manchmal länger.

Im klassisch-technischen Analyse-Jargon würde man das als eine Erschöpfungslücke bezeichnen. Der Markt macht seinen allerletzten Vorstoß, bevor er dreht.

Wie ich schon angeführt habe, pickt Gilligan's Island gelegentlich Markthochs und -tiefs heraus. Obwohl Sie vielleicht versucht sind, diese Position als ein Langfrist-Investment zu halten, würde ich Ihnen davon abraten. In den meisten Fällen funktioniert dieses Muster für die Dauer von einem oder zwei Tagen, bevor der ursprüngliche Trend wieder aufgenommen wird. Ich fühle mich viel wohler, wenn ich beständig meine wenigen Punkte als Gewinn mitnehme, als auf den Home Run zu warten.

Kapitel 11

Boomers™

Einer Schwäche nachzugeben ist eine noch größere Schwäche,
Stärke zu zeigen bedeutet noch stärker zu werden.
Carlos Castaneda

Von Zeit zu Zeit konsolidiert eine Aktie, die sich in einem Aufwärts- oder Abwärtstrend befindet, und durchläuft eine "ruhige Phase". Diesen ruhigen Abschnitten folgen häufig explosive Bewegungen. Während Händler viele verschiedene Wege einschlagen, um diese ruhigen Zeitabschnitte zu erkennen, verwende ich lediglich eine. Diese nenne ich "Boomers". Boomers findet man entsprechend selten, aber wenn sie dann tatsächlich auftreten, können die Gewinne außerordentlich sein.

Für Käufe und Leerverkäufe

1. Für Käufe benötigen wir einen ADX größer als 30. Der +DI muss größer als der –DI sein, oder die Relative Stärke muss 95 oder größer sein.

Für Leerverkäufe muss der ADX größer als 30 sein, und der –DI muss größer als der +DI sein, oder die Aktie befindet sich in einem ausgeprägten Abwärtstrend.

2. Das Hoch des zweiten Tages muss gleich oder kleiner des Hochs vom ersten Tag sein, und das Tief des zweiten Tages muss größer oder gleich dem Tief vom ersten Tag sein.

3. Das Hoch vom dritten Tag muss kleiner oder gleich dem Hoch vom zweiten Tag sein. Das Tief muss größer oder gleich dem Tief vom zweiten Tag sein.

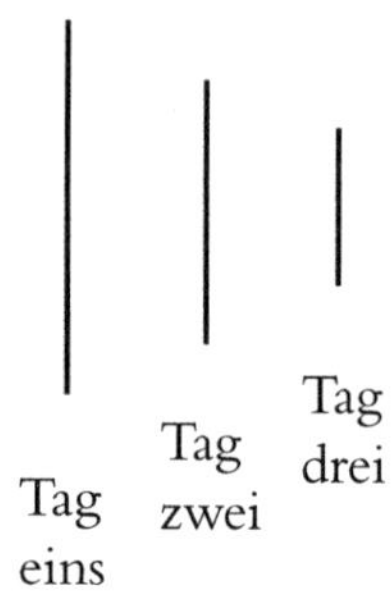

4. Für Aktien in einem Aufwärtstrend gilt, dass nur am vierten Tag ⅛ Punkt oberhalb des Hochs von Tag drei gekauft wird. Unser Stop wird ⅛ Punkt unterhalb des Tiefs von Tag drei gesetzt.

Bei Aktien mit Abwärtstrend verkaufen wir am Tag vier ⅛ Punkt unterhalb des Tiefs von Tag drei. Wir sichern uns dadurch ab, dass wir unsere Shortposition ⅛ Punkt oberhalb vom Hoch von Tag drei eindecken.

Betrachten wir nun einige Beispiele:

BEISPIEL 11.1 – SPS Technologies

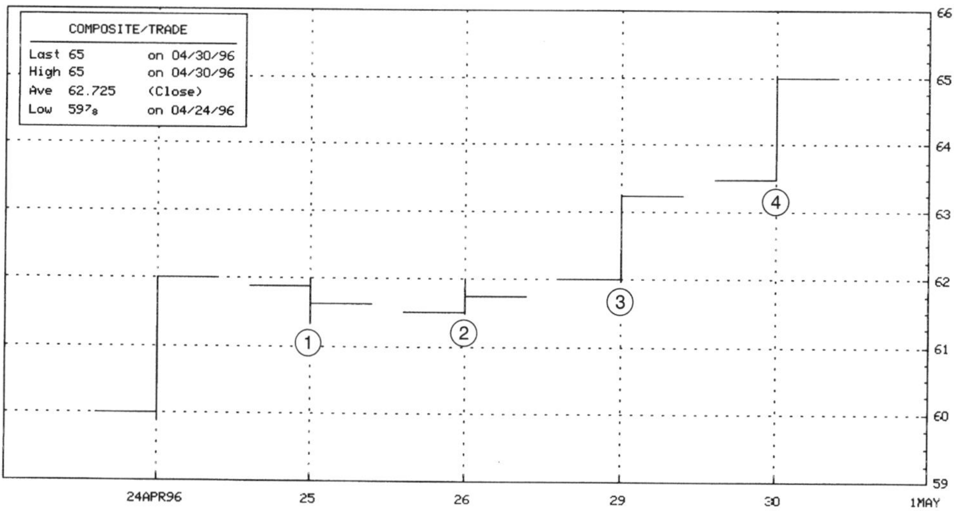

Gedruckt mit Erlaubnis von Bloomberg L.P.

Am 26. April 1996 weist SPS Technologies (ST) einen ADX größer als 51 auf, sowie einen Trend, der nach oben gerichtet ist.

1. ST weist eine Handelsspanne auf, dessen Hoch dem Vortageshoch entspricht. Das Tief liegt oberhalb des Tiefs vom Vortag (ein Inside Day).
2. Das Hoch des nächsten Tages ist geringer als das Hoch vom 25. April, und das Tief befindet sich oberhalb des Tiefs vom 25. April. (ein zweiter Inside Day in Folge).
3. Wir kaufen bei 62⅛, ⅛ Punkt oberhalb des Vortageshochs und unser Eingangsstop zur Absicherung liegt bei 61⅜ (⅛ Punkt unterhalb des Vortgestiefs).
4. Die Aktie schließt beinahe 3 Punkte über unserem Einstieg vom Vortag.

BEISPIEL 11.2 – Iomega

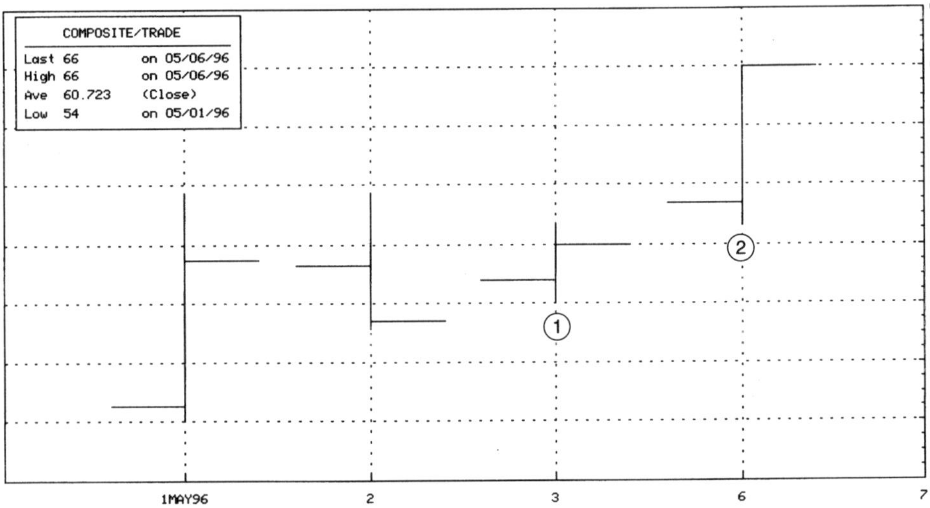

Gedruckt mit Erlaubnis von Bloomberg L.P.

1. 3. Mai 1996 – Iomega hat zwei aufeinanderfolgende Inside Days. Der Trend, gemessen am ADX und +DI, zeigt nach oben. Wir werden ⅛ Punkt oberhalb des Hochs von heute zu Käufern (nur morgen).

2. Die Aktie eröffnet oberhalb des Vortageshochs. Wir kaufen bei 61⅝, unseren Stop setzen wir ⅛ Punkt unterhalb des Tiefs vom Vortag. Iomega schließt bei 66, 4⅜ Punkte über unserem Einstieg.

BEISPIEL 11.3 – Gymboree

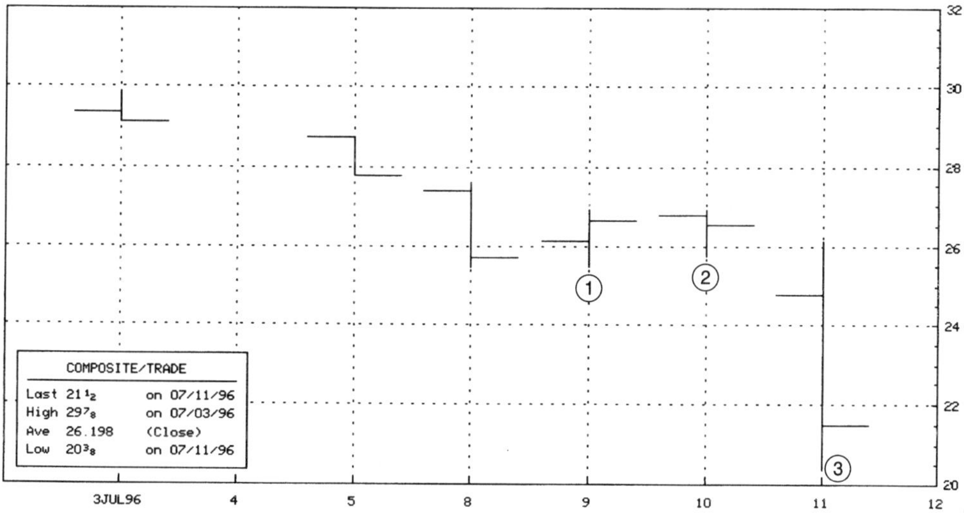

Gedruckt mit Erlaubnis von Bloomberg L.P.

Gymboree hat einen ADX-Wert von über 30. Sein -DI-Wert ist größer als sein +DI-Wert, was auf einen Abwärtstrend hindeutet.

1. Inside Day.

2. Zweiter Inside Day in Folge.

3. Leerverkauf bei 24¾ (dem Eröffnungskurs) bis auf ein zwischenzeitliches Tief von 20⅜.

BEISPIEL 11.4 – Nine West Group

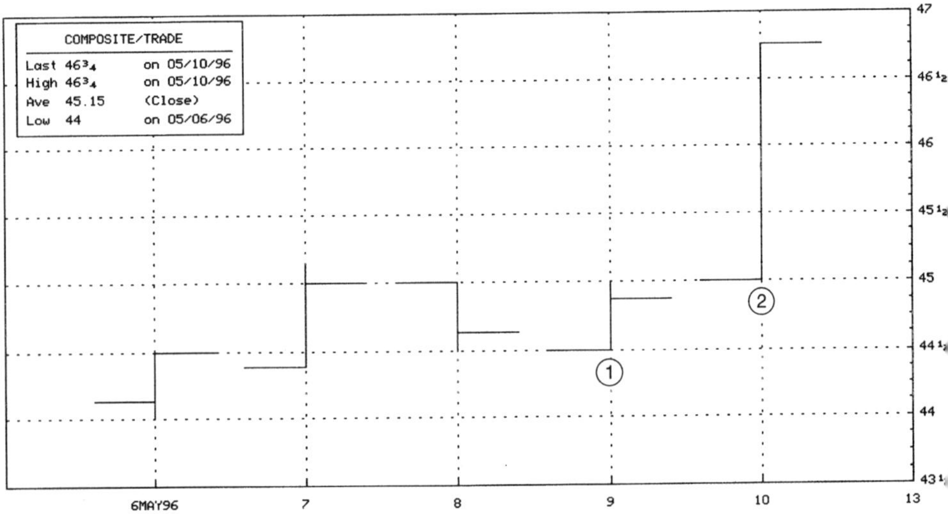

Gedruckt mit Erlaubnis von Bloomberg L.P.

1. Nine West Group weist zwei aufeinanderfolgende Inside Days auf und ist in einem Aufwärtstrend.

2. Wir steigen oberhalb des Hochs von Tag zwei ein. Die Aktie schließt am Tageshoch.

BEISPIEL 11.5 – Proxim

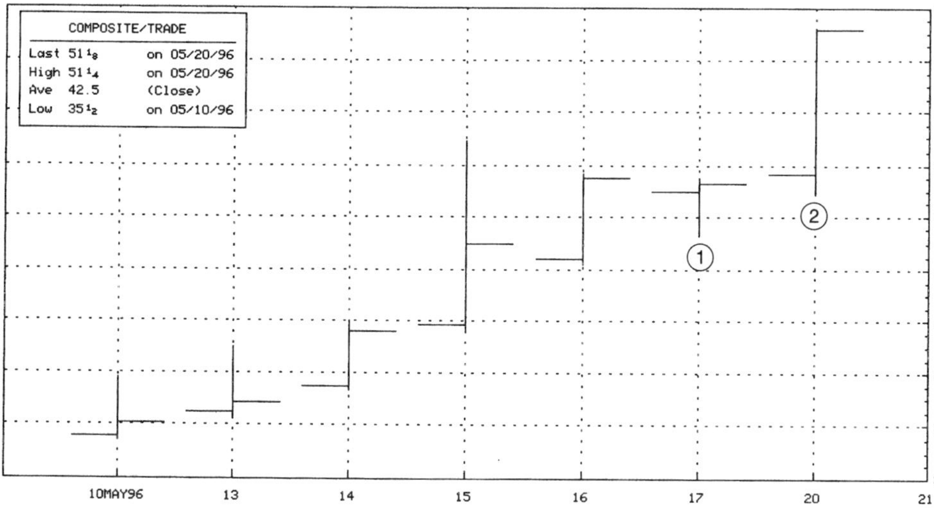

Gedruckt mit Erlaubnis von Bloomberg L.P.

1. Proxim hat zwei Inside Days hintereinander, der ADX ist größer als 30, und der +DI ist größer als sein –DI.

2. Unser Stop, bei dem wir kaufen, wird zur Eröffnung bei 45½ ausgelöst. Die Aktie schießt um 5⅝ Punkte nach oben, auf einen Kurs von 51⅛.

Zusammenfassung

Boomers sind einfach zu handelnde, mit einem geringen Risiko und einem hohen Gewinnpotential versehene Chartmuster. Sie finden sich in Aktien mit festem Trend, die sich für einige Tage in einer Konsolidierung befinden, bevor sie ihren Trend wieder aufnehmen. Obwohl sie ziemlich selten auftreten, suche ich immer aufmerksam nach ihnen, da sie zu hohen prozentuellen Gewinntrades führen können.

Kapitel 12

Slingshots™

Während die Instabilität von Systemen immer eklatanter wird, werden die Systeme von Menschen, die die Krise überleben, größer und stärker.
Ilya Progogine
Nopelpreisträger für Mathematik

Wie ich schon in vorhergehenden Kapiteln anführte, können wir nicht jedes neue Hoch kaufen und jedes neue Tief verkaufen und dabei erwarten, gewinnbringend vorzugehen. Wir wollen wissen, welche Breakouts von den "starken Händen" und welche von den "schwachen Händen" verursacht werden. Expansion Breakouts leisten einen sehr guten Dienst, um uns zu zeigen, welche neuen Hochs und Tiefs die besten Chancen für eine Fortsetzung der Bewegung aufweisen. Mit dem Slingshot werde ich Ihnen eine Strategie vorstellen, mit der Sie aus Ausbrüchen, die anfänglich nicht "wirklich" stattfanden, einen Vorteil ziehen können.

Ich entwickelte die Slingshot-Strategie, nachdem ich erkannt hatte, wie oft eine Aktie ein neues marginales Hoch (oder Tief) erreicht und im Anschluss sofort wieder umkehrt. Der Markt fällt für ein oder zwei Tage, und dann wird ein zweites neues Hoch oder Tief ausgeformt, bei dem es sich um den Beginn eines neuen bedeutenden Ausbruchs handelt. Der gescheiterte Versuch wirft die schwachen Hände aus dem Markt. Der zweite Ausbruch ein oder zwei Tage später erfolgt durch die starken Hände.

Das ist vielleicht schwierig zu verstehen. Die Regeln und Beispiele sollten das für Sie klären.

Hier sind die Regeln:

Für Käufe:

1. Tag eins: Die Aktie macht ein neues Zwei-Monats-Hoch.

2. Tag zwei: Die Aktie fällt um mindestens ⅛ Punkt unter den Tiefkurs von Tag eins.

3. Nur am Tag zwei oder drei: Kaufen, wenn die Aktie ⅛ Punkt oberhalb des Hochkurses von Tag eins notiert.

4. **Risiko: 2 Punkte.**

Für Leerverkäufe:

1. Tag eins: Die Aktie fällt auf ein Zwei-Monats-Tief.

2. Tag zwei: Die Aktie übertrifft das Hoch von Tag eins um mindestens ⅛ Punkt.

3. Nur am Tag zwei oder drei: Leerverkauf der Aktie, wenn sie mit ⅛ Punkt unterhalb des Tiefs von Tag eins notiert.

4. **Risiko: 2 Punkte**.

BEISPIEL 12.1 – MEMC Electronic Matrials

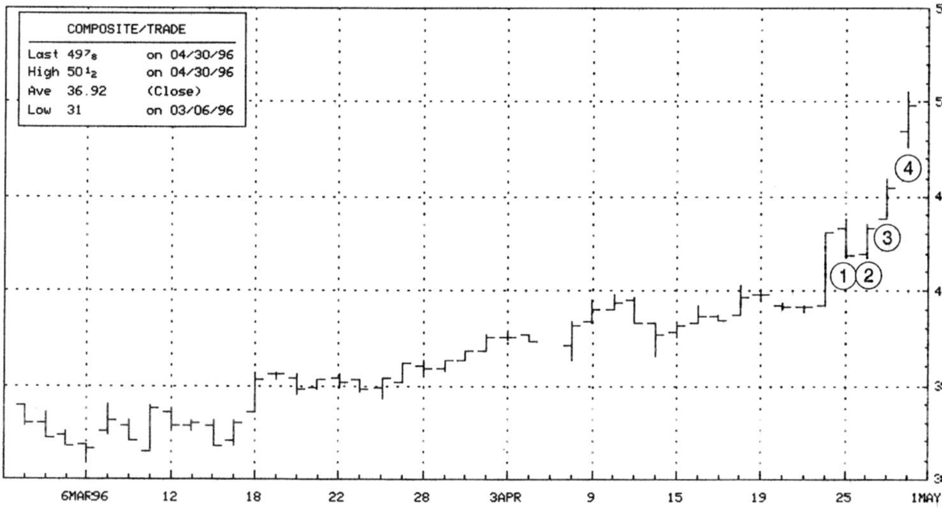

Gedruckt mit Erlaubnis von Bloomberg L.P.

1. MEMC Electronic Materials steigt auf ein Zwei-Monats-Hoch und dreht.

2. Die Aktie fällt unter das Tief von Tag eins. Wir kaufen entweder heute oder morgen ⅛ Punkt oberhalb des Hochs von Tag eins.

3. Die Aktie steigt über das Hoch von Tag eins bei 43¾. Wir sind long.

4. MEMC Electronic Materials springt innerhalb zweier Börsensitzungen um 6 Punkte nach oben.

BEISPIEL 12.2 – IMP, Inc.

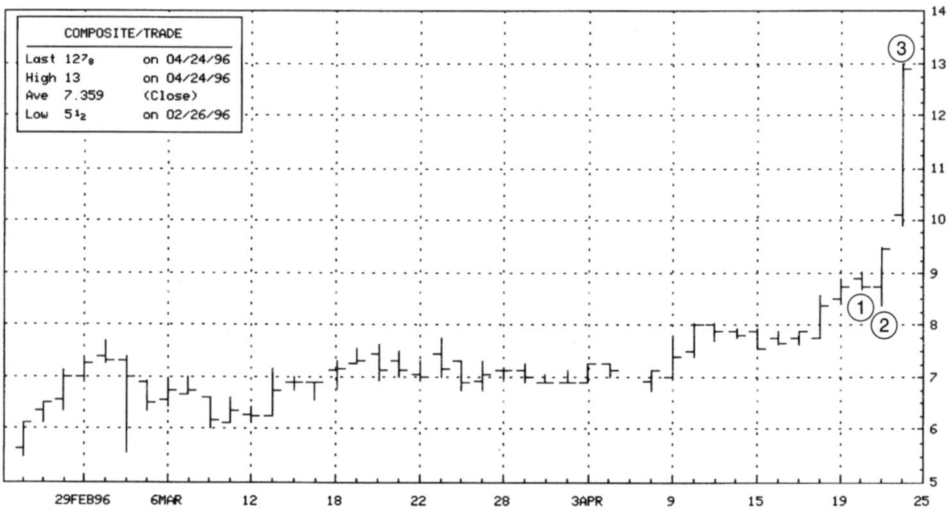

Gedruckt mit Erlaubnis von Bloomberg L.P.

Obwohl ich kein Freund von Niedrigpreisaktien bin, illustriert dieses Beispiel die Kraft dieses Kursmusters.

1. IMP erreicht ein Zwei-Monats-Hoch.

2. Sie fällt unter das Tief des Vortages und steigt sofort über das Vortageshoch an.

3. IMP steigt beinahe 50 Prozent über unseren Einstieg innerhalb eines Tages.

BEISPIEL 12.3 – General Motors

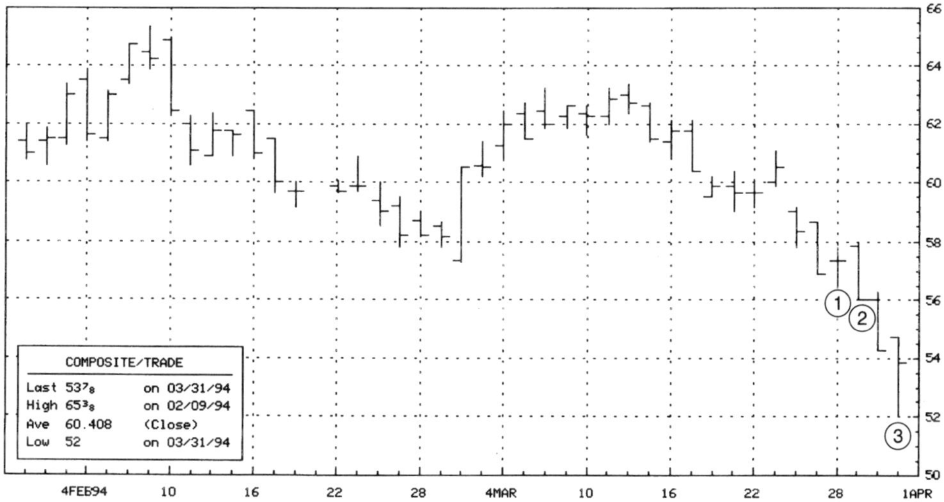

Gedruckt mit Erlaubnis von Bloomberg L.P.

Hier haben wir einen Slingshot-Leerverkauf.

1. General Motors fällt auf ein Zwei-Monats-Tief.

2. Die Aktie steigt über ihren gestrigen Hochkurs und fällt dann unter ihren Tiefkurs. Wir verkaufen leer bei 56⅜.

3. Die Aktie verliert 4 Punkte während der folgenden Handelssitzungen.

BEISPIEL 12.4 – Halbleiter-Index

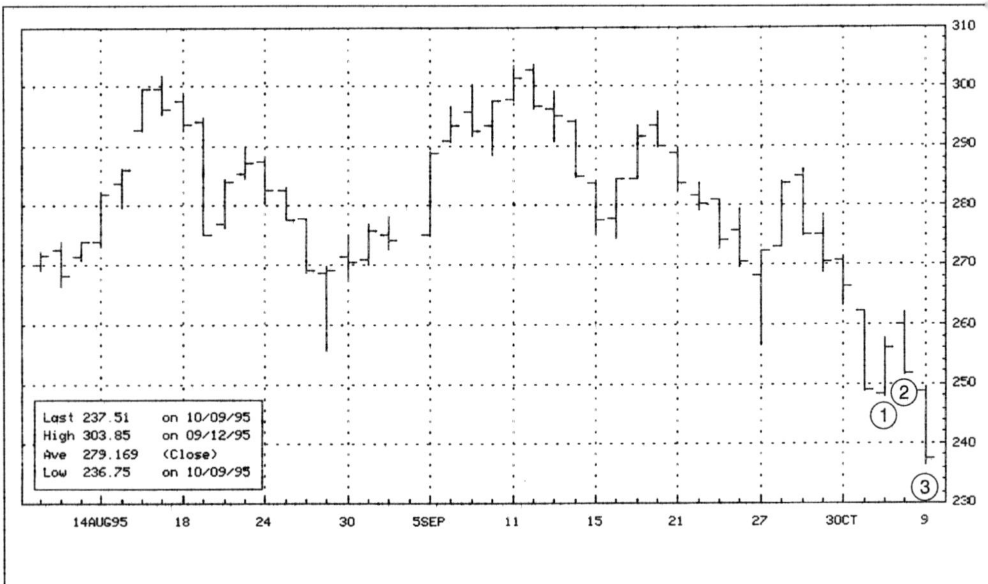

Gedruckt mit Erlaubnis von Bloomberg L.P.

Diese Strategie funktioniert ebenso gut bei Aktienindices.

1. Der Halbleiter-Index sinkt auf ein Zwei-Monats-Tief (Tag eins).

2. Der Halbleiter-Index steigt über das Hoch von Tag eins an.

3. Am folgenden Morgen fällt der Index unter das Tief von Tag eins und fällt weiter, um innerhalb weniger Stunden 10 Punkte (4 Prozent!) zu verlieren.

Zusammenfassung

Slingshots sind Trendfortsetzungsmuster mit geringem Risiko, die gute Arbeit im Herausfiltern hinterhältiger Hochs und Tiefs verrichten. Häufig weisen Aktien fehlschlagende Breakouts auf. Die Dummen sind dann die Momentumtrader. Diese Strategie erlaubt es ihnen, auf Aktien zu warten, die die "schwachen Hände" aus dem Markt gedrängt haben, bevor das vorherrschende Momentum sich fortsetzt.

Kapitel 13

Whoops™

Täusche die Täuscher.
Ovid

Vor einigen Jahren entwickelte Larry Williams, ein weithin bekannter Futures-Trader, eine Strategie, die er "Oops" nannte. Das Oops-Muster ist als ein Shortsignal zu verstehen, wenn der Kurs oberhalb des Vortageshochs eröffnet. Um eventuell eine Longposition einzugehen, muss er unterhalb des Tiefs vom Vortag eröffnen. Sie kaufen das Tief plus einen Tick vom Vortag und verkaufen das Hoch vom Vortag minus einen Tick. Dieses Muster funktioniert besonders gut für den S&P-Future.

Ich habe eine Abänderung dieser Methodik entwickelt, die sich bei Aktien als hochprofitabel erweisen kann. Ich nenne sie "Whoops!" Gemäß Definition besteht der Hauptunterschied darin, dass die meisten Aktien durch morgendliche Emotionen nicht so schnell nach oben oder unten getrieben werden, wie es im S&P-Future geschieht. Wie auch immer, viele Aktien schießen zur Eröffnung tatsächlich nach oben, aber überschreiten das Hoch des Vortages nicht. Im Anschluss dreht die Aktie sofort, um jene aus dem Markt zu werfen, die unglücklich genug waren, in dem Strudel dieser Eröffnungsbewegung aufgesprungen zu sein.

Zum Beispiel schoss ("popped up") Oracel am Dienstag den 9. April 1996 bei der Eröffnung um einen ½ Punkt nach oben (Ein "pop up" wird als eine Bewegung einer Aktie definiert, die sofort nach der Eröffnung in einen Anstieg übergeht) Die Aktie drehte innerhalb einer halben Stunde nach unten und lag wenige Stunden später sogar 3½ Punkte tiefer. In diesem Fall befand sich die Aktie während der vorangegangenen Sitzung schon in einem Abwärtstrend und hatte schwach geschlossen. Brokerfirmen, die sich mit Oracel-Aktien in ihrem Inventar nicht mehr wohl fühlten, weil sie möglicherweise auf ihrer Position zum Schlusskurs am Montag sitzen geblieben waren, könnten versucht haben, die Aktie zur Eröffnung am Dienstag höher zu setzen, wodurch die Bewegung in der Früh verursacht wurde.

Diese Art von morgendlichem Umkehrverhalten ist bei Aktien mit festem Trend besonders weit verbreitet. Eine Aktie, die sich zum Beispiel in einem festem Abwärtstrend befindet, kann von Brokerhäusern mittels positiven Kommentaren, höheren Gewinnschätzungen, einem Wechsel zu einer positiven Meinung, etc., manipuliert werden, damit sie einen frühen raschen Anstieg macht. Wenn so etwas auftritt, werden jene, die verkauft haben, auf Grund ihrer ersten Eindrücke über diesen morgendlichen Anstieg nervös und kaufen Aktien, um ihre Position einzudecken. Und wer verkauft an diese Shorts? Richtig, die Brokerhäuser, die den ursprünglichen Anstieg ausgelöst haben! Die Pop-Up-Bewegung erschreckt die Shorts. Mit fortschreitender Handelsdauer kommt die Schwäche des Vortages wieder zu tragen und der Kurs fällt weiter. Wenn dann die Aktie an diesem Tag negativ wird, werden wiederum die Longs nervös. Zu diesem Zeitpunkt gibt es kaum Unterstützung. Ein starker Einbruch kann die Folge sein. Jetzt kümmern sich die Brokerhäuser nicht mehr darum, weil sie ihr Inventar bei dieser eingefädelten Morgenrally zu einem relativ hohen Kurs bereinigen konnten. Wie können wir nun von diesem "Whoops"-Muster profitieren?

Hier sind die Regeln:

Für Shorties

1. Eine Aktie muss unterhalb ihres 10-Tage- und 50-Tage-Durchschnitts handeln.
2. Der Vortagesschlusskurs muss tiefer als die Eröffnung liegen.
3. Der heutige Eröffnungskurs muss zumindest ¼ Punkt oberhalb des Schlusskurses von gestern notieren.
4. Leerverkauf bei ⅛ Punkt unterhalb des Vortagesschlusskurses.
5. Maximales Anfangsrisiko liegt bei einem Punkt.
6. Wenn Sie ausgestoppt werden, steigen Sie an dem vorhergehenden Einstiegspunkt nochmals ein (nur heute).
7. Wenn sich die Aktie besonders gut zu ihren Gunsten entwickelt, ziehen Sie ihren Stop auf ⅛ Punkt unterhalb Ihres Einstiegskurses nach; eine Aktie, die zurückspringt, und dadurch fest wirkt, könnte sogar eine Umkehr einleiten. Sie wollen doch nicht einen Gewinn in einen Verlust umwandeln.

Es gibt keine Kauf-Whoops. Erinnern Sie sich, gemäß der Brokerhäuser können Aktien nur steigen, also sind schlecht Nachrichten ohne Bedeutung.

BEISPIEL 13.1 – Diana Corp.

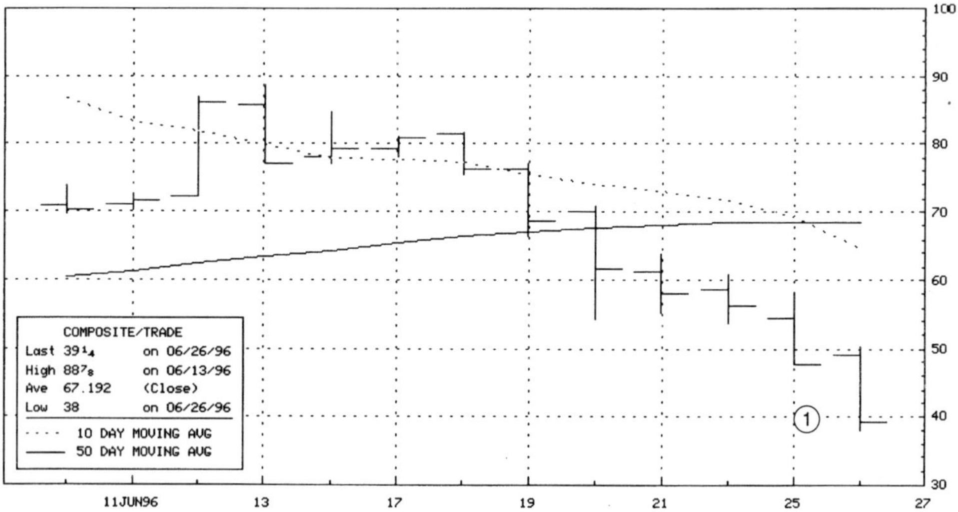

Gedruckt mit Erlaubnis von Bloomberg L.P.

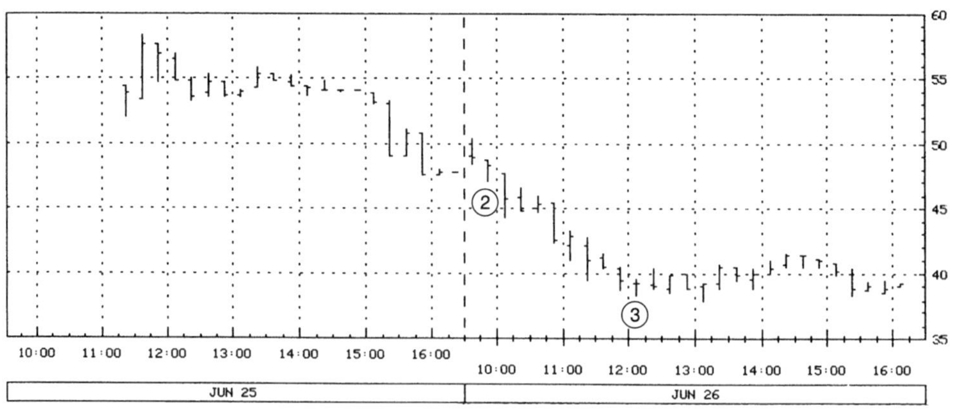

Gedruckt mit Erlaubnis von Bloomberg L.P.

Das Potential, das diese Strategie bietet, wird am besten mit dem folgenden Beispiel dargestellt. (siehe Intraday-Chart).

1. Die Aktie notiert eindeutig unter dem 10-Tage- und 50-Tage-Durchschnitt.

2. Die Aktie eröffnet oberhalb des Schlusskurses vom Vortag und dreht. Bei 47⅝ verkaufen wir short, ⅛ Punkt unter dem Schlusskurs von gestern.

3. Die Aktie fällt 8 Punkte in weniger als zwei Stunden.

BEISPIEL 13.2 – Chiron

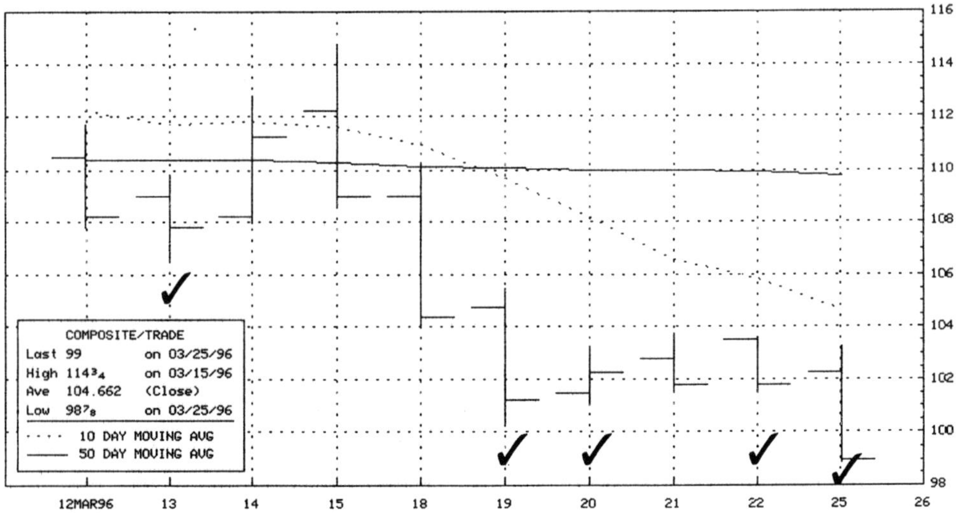

Gedruckt mit Erlaubnis von Bloomberg L.P.

Im März 1996 war Chiron ein sagenhaft gutes Beispiel für das Aussteigen aus einer Aktie, da es fünf Whoops innerhalb einer Spanne von zehn Handelstagen generierte. Beachten Sie, dass die Aktie beinahe 15 Prozent ihres Wertes verlor – trotz der verschiedenen Anzeichen für Stärke bei der Eröffnung.

BEISPIEL 13.3 – Amgen

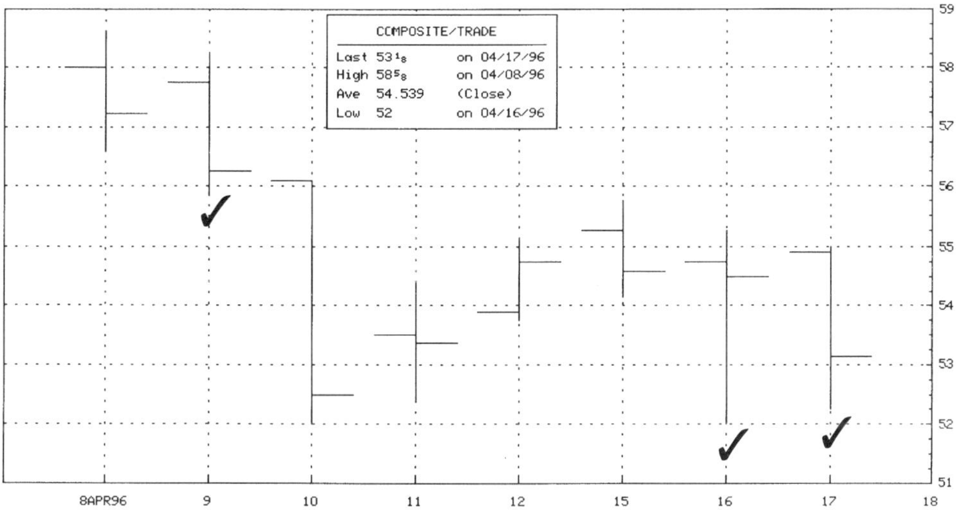

Gedruckt mit Erlaubnis von Bloomberg L.P.

Obwohl der Aktienmarkt eine feste Rally aufzeigte, durchlief Amgen eine kurze Phase mit fallenden Kursen.

BEISPIEL 13.4 – J.P. Morgan

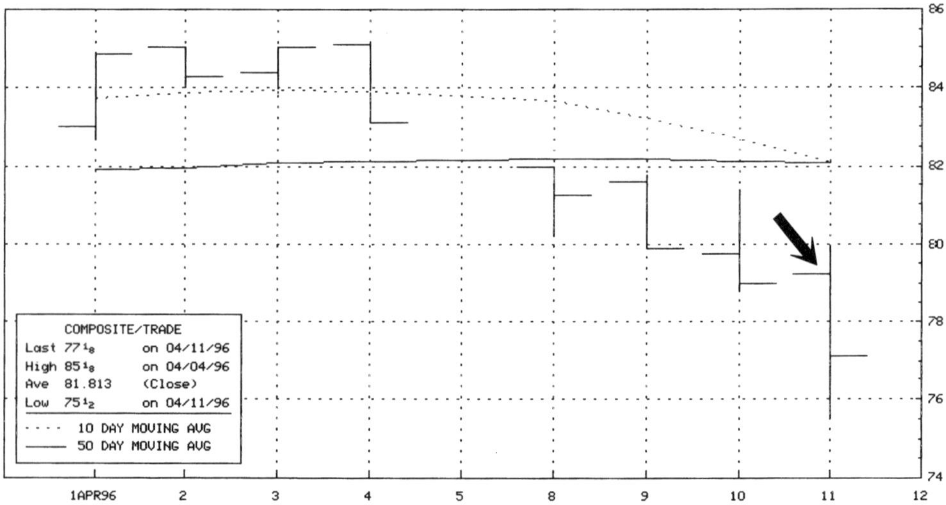

Gedruckt mit Erlaubnis von Bloomberg L.P.

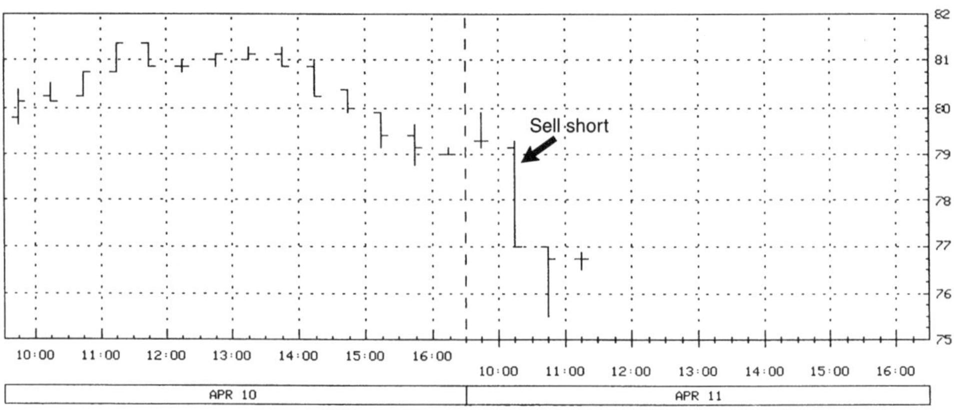

Gedruckt mit Erlaubnis von Bloomberg L.P.

Hier handelt es sich um ein Beispiel, bei dem J. P. Morgan ein besseres als das zu erwartende Ergebnis (siehe Artikel) bekanntgab, das Intelligente Geld jedoch verwendete diese Meldung als eine Gelegenheit, Aktien abzustoßen.

Seite 1 von 4

BBN 4/11 J.P. Morgans Nettogewinn für das erste Quartal stieg um 72%, weil das Trading zunahm (Update1)

J.P. Morgans Nettogewinn für das erste Quartal stieg um 72%, weil das Trading zunahm (Update1)

New York, 11.April (Bloomberg) – J.P.Morgan & Co's Gewinne stiegen um 72 Prozent im ersten Quartal, übertrafen die Erwartungen von Analysten, als die Gewinne aus dem weltweitem Handel mit Aktien und Bonds (Anleihen) sich mehr als verdoppelten.

Die fünftgrößte Bank der Nation erklärte, daß der Nettogewinn von $239 Millionen oder $1,27 pro Aktie aus dem Vorjahr auf $ 439 Millionen anstieg, oder 2,13 $ pro Aktie anstieg.

Das Ergebnis stellt das zweite Quartal in Folge dar, in dem J.P. Morgan die Erwartung an Wall Street übertraf. Annalisten rechneten, basierend auf eine Umfrage unter 15 Annalisten von IBES International Inc. damit, daß das Unternehmen, welches das Kommerzbanken- und Investmentbanken-Geschäft betreibe, $1.71 pro Aktie verdienen werde.

"Es ist ein Vergnügen," sagt ein Analyst bei Brown Brother Harriman & Co. Nach einem für Wall Street guten Januar und Februar, "war der März nicht ganz so gut, aber wie es scheint hat das J.P. Morgan nicht beeinflußt" erklärte er.

Morgan sagte, daß die Ergebnisse weit über Ziel lagen. "Market Maker, Investmentbankgeschäft und Investmentmanagement konnten substantielle Zuwächse verzeichnen" sagte Aufsichtsratsvorsitzender Douglas A. Warner III. Die Gesamteinnahmen stieg um 25 % auf $1.74 Milliarden im Vergleich zum selben Zeitraum selben Jahres.

Die operativen Aufwände stieg um 8 Prozent zum Vorjahr, während der Nettozinsertrag 21 Prozent auf $396 Millionen sank.

Die Aktien fielen zu Sitzungsbeginn $2 auf 77.

Die Einnahmen aus dem Börsenhandel verdoppelten sich.

J.P. Morgans Gewinnwachstum wurde von den Tradingeinnahmen angeführt, die sich von $303 Millionen auf $758 Millionen mehr als verdoppelten. Das Unternehmen ist einer der größten Händler in Aktien und Anleihen und erklärte, daß gesteigerte Aktivitäten von Kunden diesen Anstieg verursachten. Annalisten erwarteten, daß die Bank etwa $400 Millionen Tradingeinnahmen veröffentlicht.

Gedruckt mit Erlaubnis von Bloomberg L.P.

Zusammenfassung

Nennen Sie mich einen Zyniker, aber nachdem ich dieses Spiel mehr als 16 Jahre spiele, glaube ich, dass Brokerhäuser und Market Maker einen gewissen Prozentsatz an Diebesblut in sich tragen. Es amüsiert mich anzusehen, wie oft eine Aktie mit festem Abwärtstrend höher eröffnet und dann sofort wieder nach unten dreht. Ich glaube, diese positiven Nachrichten werden gelegentlich gemacht, um Market Makern oder Brokerhäusern die Möglichkeit zu schaffen, ihr ungewolltes Inventar abzuladen. Daher sollten wir als Händler die Worte von Sergeant Phil Esterhaus aus Hill Street Blues beachten, der jeden Morgen sagte, "Seien wir da draußen auf der Hut".

Kapitel 14

Lizards™

Ein konsequenter Mann glaubt an sein Schicksal,
ein exzentrischer Mann an seine Chance.
Disraeli

"Lizards" stellen ein weiteres Umkehrmuster mit geringem Risiko und möglichem hohen Gewinnpotential dar. Der Balken für das Muster schaut einem langen Schwanz ähnlich, was mich dazu führte, es als Lizard zu bezeichnen. Ich verwende dieses Muster nur zu Day-Trading-Zwecken, da es üblicherweise, wie ich herausfand, keine bedeutenden Anschlussbewegungen nach sich zieht. Hier sind die Regeln:

Für Käufe

1. Sowohl die heutige (Tag eins) Eröffnung als auch der heutige Schluss müssen im oberen Viertel ihrer Tagesspanne liegen.

Käufe

2. Das Tagestief muss ein 10-Tage-Handelstief darstellen.

3. Morgen kaufen wir ⅛ Punkt über dem Hoch von Tag eins.

4. Das maximale Risiko liegt bei 1 Punkt, und wenn Sie nicht ausgestoppt werden, verkaufen Sie die Position zum Schlusskurs.

Für Leerverkäufe:

1. Heute (Tag eins) liegen sowohl die Eröffnung als auch der Schlusskurs im unteren Viertel der Tagesspanne.

2. Das Tageshoch muss ein 10-Tage-Handelshoch darstellen.

3. Morgen wird ein Leerverkauf ⅛ Punkt unterhalb dem Tief von Tag eins getätigt.

4. Maximales Risiko ist ein Punkt. Für den Fall, dass Sie nicht ausgestoppt werden, decken Sie Ihre Position am Sitzungsschluss ein.

Leerverkäufe

BEISPIEL 14.1 – Computer Associates

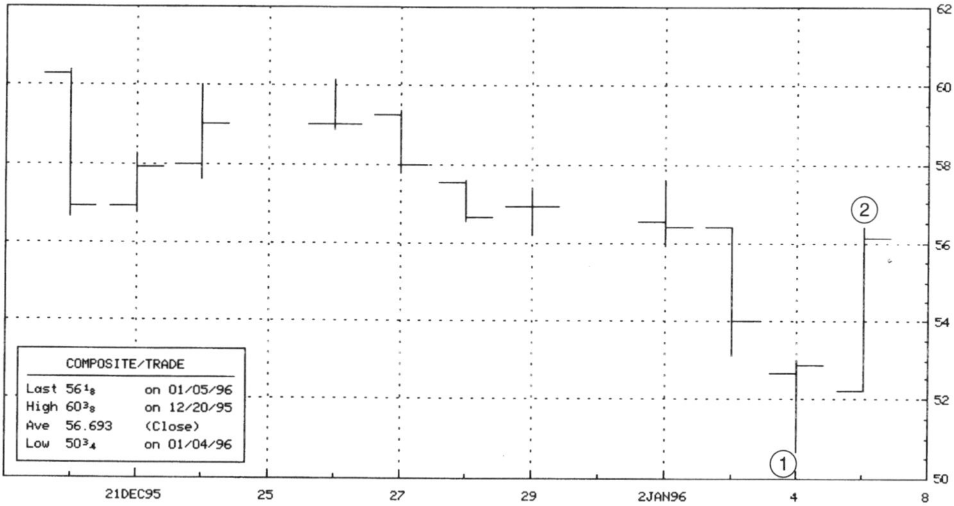

Gedruckt mit Erlaubnis von Bloomberg L.P.

1. Computer Associates eröffnet und schließt an diesem Tag im oberen Viertel der Schwankungsbreite, nachdem sie auf ein 10-Tage-Tief gefallen war.

2. Wir kaufen ⅛ Punkt oberhalb des Vortageshochs bei 53. Die Aktie steigt auf über 56 bis zum Handelsschluss.

BEISPIEL 14.2 – Amgen

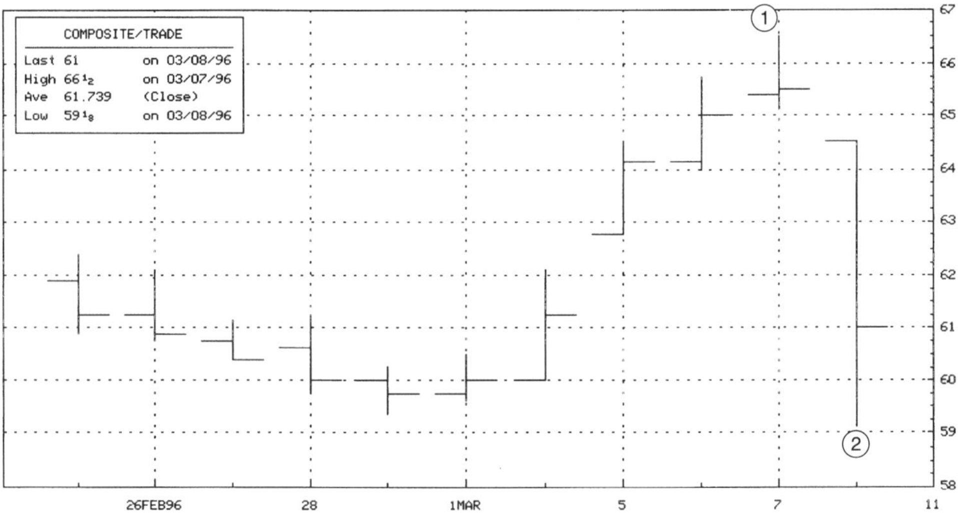

Gedruckt mit Erlaubnis von Bloomberg L.P.

1. Amgen steigt auf ein 10-Tage-Hoch und ihre Eröffnung und der Schlusskurs liegen im unteren Viertel der Handelsspanne.

2. Die Aktie eröffnet unterhalb des Vortagestiefs, und wir verkaufen sie leer bei 64½, bevor wir einen Einbruch von 5 Punkten intraday beobachten.

BEISPIEL 14.3 – Amtel Corp.

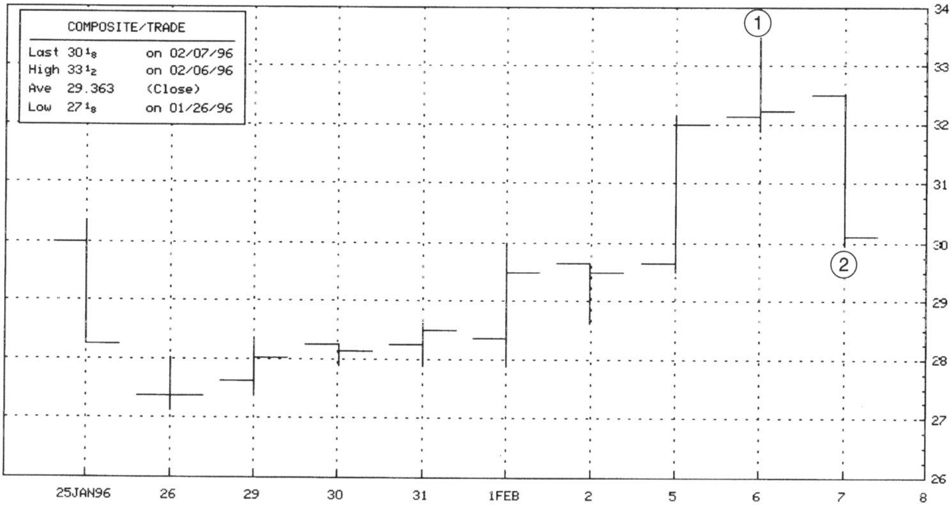

Gedruckt mit Erlaubnis von Bloomberg L.P.

1. Amtel Corp. steigt auf ein 10-Tage-Hoch. Sowohl Eröffnung als auch Schluss befinden sich im unteren Viertel der Handelsspanne.

2. Wir verkaufen sie leer ⅛ Punkt unterhalb des Vortagestiefs bei 31⅞. Die Aktie schließt 1⅝ Punkte unterhalb unseres Einstieges.

BEISPIEL 14.4 – United Airlines

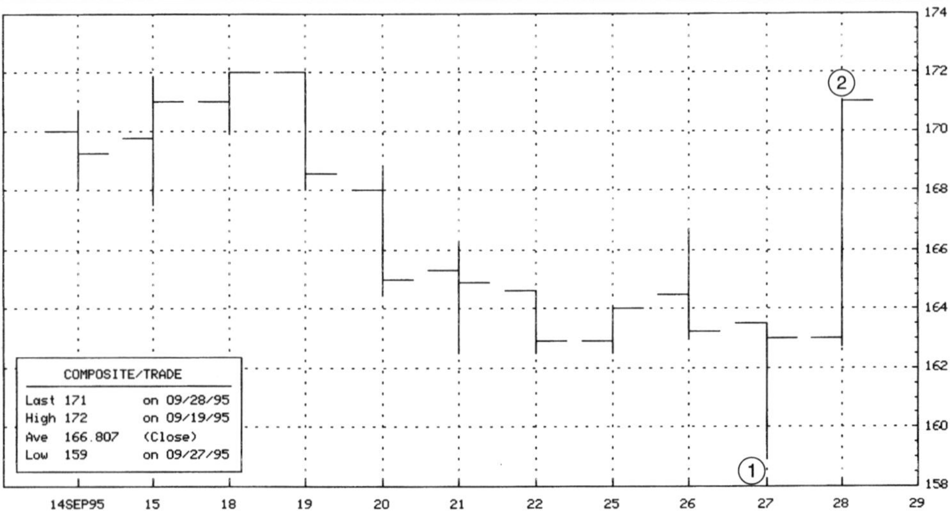

Gedruckt mit Erlaubnis von Bloomberg L.P.

1. United Airlines fällt auf ein 10-Tage-Tief. Sowohl Eröffnung als auch Schluss liegen im oberen Viertel der Handelsspanne.

2. Kauf bei $163\frac{3}{4}$. Die Aktie hebt ab (Entschuldigung, aber dafür kann ich nichts) auf 171, $7\frac{1}{4}$ Punkte über unseren Einstieg.

Zusammenfassung

Diese Strategie funktioniert, weil es sich hier um das Muster einer Erschöpfungslücke handelt. Das bedeutet, dass die letzten Käufer oder Verkäufer die Aktie auf einen Extremwert drängen, bevor die dicken Fische wieder einsteigen. Weil diese Märkte ein kurzfristiges Hoch oder Tief ausbilden, neigen diese Intraday-Umkehrungen dazu, sich schnell und spektakulär auszuwirken.

Kapitel 15

Kapitalerhöhung

Menschen kaufen alles, das für Kunden zu kaufen ist.
Sinclair Lewis

Der Handel von zusätzlichen Aktien im Rahmen einer Kapitalerhöhung stellt die von mir gewählte Strategie mit dem geringsten Risiko dar. Wo sonst kann ich eine Methode entdecken, bei der das Brokerhaus mir dafür garantiert, dass der größte Verlust an diesem Trade nur einige Ticks entspricht?

Wie Sie vielleicht schon wissen, werden zusätzliche Aktien ausgegeben, wenn öffentlich gehandelte Unternehmen sich entscheiden, mehr Aktien zu verkaufen. Dann beauftragen sie zwischen ein und fünf Brokerhäuser, um die Aktien bei Investoren zu platzieren. Manchmal (und genau dann interessiere ich mich dafür) erzeugt der Verkauf der Aktien mehr Nachfrage, als es Angebot gibt. Wenn das geschieht, neigen Aktien dazu, so lange zu steigen, bis die Nachfrage gesättigt ist. Wie wissen wir, wann diese Situation auftritt? Aus den nachfolgenden Regeln:

1. An den Wochenenden lesen Sie das Kapitel über die bevorstehenden Aktienemissionen in Barron's und suchen sich die Zusätzlichen Aktien heraus, die in der Folgewoche ausgegeben werden.

2. Nachdem Sie diese Aktien aufgelistet haben, studieren Sie die Abendnachrichten, um herauszufinden, in welchen der ausgewählten Papiere am nächsten Tag der Handel beginnt.
3. Die Aktie muss in der Nacht, in der sie bewertet wird, über ihrem 20-Tage-Durchschnitt notieren. Das zeigt mir, dass große Nachfrage für die Aktie besteht.
4. Wenn der Eröffnungskurs gleich dem Emmissionskurs oder höher liegt, kaufen Sie! Für Aktien an der NASDAQ muss der Bid-Kurs zumindest ¼ Punkt über dem Emissionskurs liegen.
5. Platzieren Sie einen Eingangsstop zur Absicherung unter dem Emissionskurs. Wenn Sie nicht ausgestoppt werden, sondern zu Marktschluss im Verlust sind, verkaufen Sie. Wenn Ihre Position im Gewinn steht, dann haben Sie die Wahl, Sie zu Marktschluss zu verkaufen oder über Nacht zu halten. Ich habe herausgefunden, dass Aktien mit Gewinn am ersten Tag sehr häufig eine Anschlussbewegung über einige Tage aufweisen.

Schauen wir nun auf einige Beispiele (Alle handelten über ihrem 20-Tage-Durchschnitt am Vorabend ihrer Ausgabe).

BEISPIEL 15.1 – Wet Seal

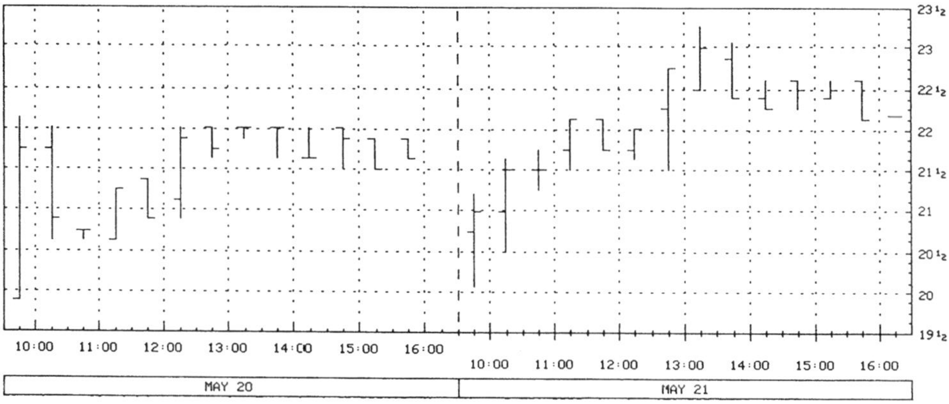

Gedruckt mit Erlaubnis von Bloomberg L.P.

Am 20. Mai gibt Wertheim Schröder 3,1 Millionen Aktien von Wet Seal, Inc. zu einem Preis von 20 aus. Am nächsten Morgen eröffnet die Aktie mit einem Bid/Ask von $20\frac{1}{2}$ zu $20\frac{3}{4}$. Wir kaufen zu $20\frac{3}{4}$. Wenn die Aktie unter 20 fällt, verkaufen wir unsere Position. In diesem Beispiel fällt Wet Seal bis auf $20\frac{1}{8}$, bevor neue Käufe aufkommen und die Aktie mit $22^{3}/_{16}$ den Tag schließt.

BEISPIEL 15.2 – Physician Reliance Network

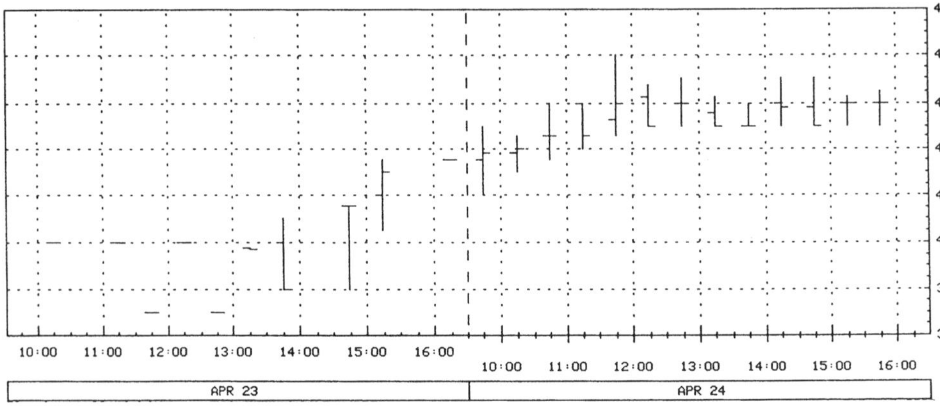

Gedruckt mit Erlaubnis von Bloomberg L.P.

Smith Barney gibt 2,6 Millionen Aktien von Physician Reliance Network mit 40 aus. Die Aktie eröffnet mit einem Bid/Ask von 41 zu 41¾ den nächsten Morgen (April 24). Wir bezahlen 41¾. Die Aktie steigt bis auf 44, um mit einem Bid von 43 zu schließen.

BEISPIEL 15.3 – Garden Ridge Corporation

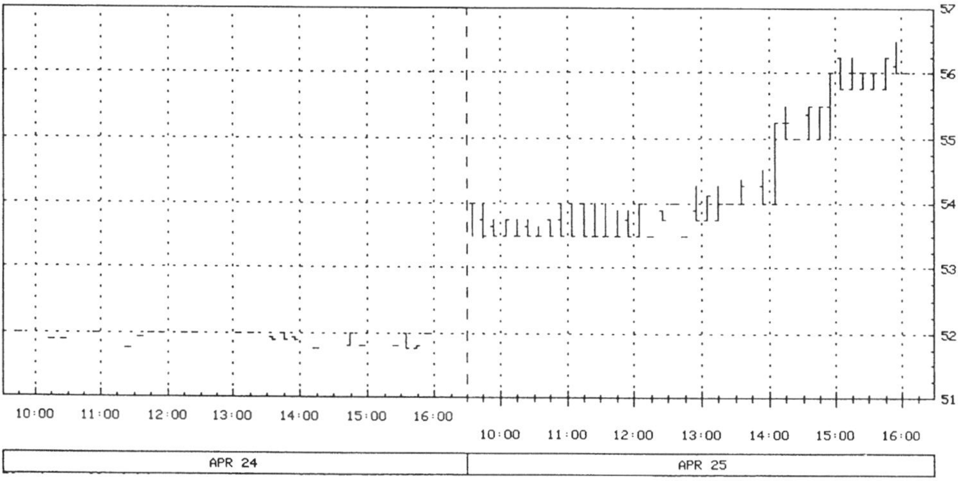

Gedruckt mit Erlaubnis von Bloomberg L.P.

Der Emissionskurs von Garden Ridge Corporation, ein Unternehmen für Haushaltsbedarf, liegt bei 51¾. Am nächsten Tag springt die Aktie zur Eröffnung auf 54 und schließt 2 Punkte höher bei 56.

BEISPIEL 15.4 – Renaissance Solutions

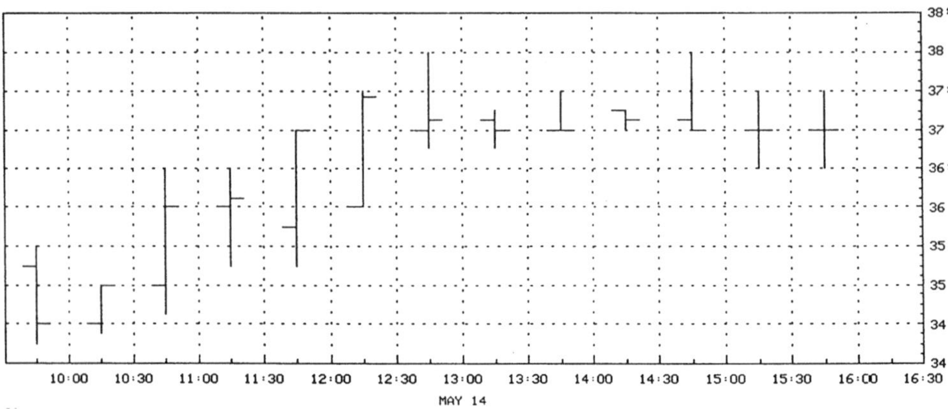

Gedruckt mit Erlaubnis von Bloomberg L.P.

Die Emission von Renaissance Solution liegt bei 33½. Die Aktie eröffnet bei 34¾ auf 35¼. Nach einer kurzen Verkaufswelle steigt sie bis auf 38 Dollar pro Aktie. (Zusätzlich wurde ein Expansion Breakout ausgelöst, kurz nachdem wir die Aktie gekauft hatten.)

Zusammenfassung

Warum funktioniert dieses? Weil es gelegentlich eine derartige Hysterie bezüglich der Ausgabe zusätzlicher Aktien gibt, dass die Nachfrage das Angebot übersteigt. Warum? Die Aktienemission ist überzeichnet und erzeugt daher eine für kurze Zeit nicht befriedigte Nachfrage für diese Aktie. Ich weiß aber auch, dass die Konsortialmitglieder ihre ersten Käufer zum Emissionskurs zu schützen versuchen. Daher setze ich meinen Stop zur Absicherung ⅛ Punkt unterhalb des Ausgabepreises. Sehr häufig jedoch stellt der Eröffnungskurs das Tief des Tages dar, und die Aktie steht am Beginn der Rally. Noch einmal: Geringes Risiko, potentieller hoher Gewinn.

Warum sollten Sie auf eine Aktienemission innerhalb eines aufwärtsgerichteten Trends mit höherer Eröffnung warten? Wegen Nachfrage und Angebot. Eine Aktie steigt nur dann über ihren Emissionskurs weiter an, wenn genug Nachfrage von institutioneller Seite und nicht genug Angebot durch das Unternehmen gewährleistet ist. Das bedeutet, dass das Brokerhaus eine teuflisch gute Arbeit geleistet hat, um die Vorzüge an die Kunden zu verkaufen. Während der Ausgabetag immer näher kommt, werden Gerüchte in Umlauf gebracht, dass es nicht genug Aktien gibt, um die Nachfrage zu bedienen. Die Institutionellen beginnen ihre Nachfrage zu befriedigen, indem sie am offenen Markt kaufen. Warum ich nicht vor diesem Deal kaufe, wenn ich eine derartige Situation erkenne? Weil es zu viel Freiraum für Manipulationen gibt, und ich eher die Aktie zur Eröffnung ¼ Punkt oberhalb des Emissionskurses handeln sehen möchte. Das sagt mir, dass meine Analyse richtig ist, und dass die Aktie eine gute Chance besitzt, weiter zu steigen. Ferner weiß ich, dass mich das federführende Brokerhaus (Konsortialführer) für den Fall, dass ich bei diesem Trade falsch liege, vor einem Desaster absichert. Die wollen natürlich am ersten Tages des Handels ihre Emission nicht unter dem Emissionskurs handeln sehen. Das bedeutet, dass alle ihre Klienten einen Verlust verbuchen müssten, und das wäre zu peinlich. Daher werden sie zum Emissionskurs schützende Kaufaufträge platzieren. Ich halte die Aktie maximal für einige Tage, wenn ich diese Strategie einsetze. Ich fand heraus, dass die Aktien im Anschluss ihren Dampf verlieren.

Bevor wir nun weitergehen, habe ich noch anzuführen, dass es sich hierbei um eine Bullenmarkt-Strategie handelt. Während einer Baisse neigen Kapitalerhöhungen dazu, im Sande zu verlaufen, und wir spülen diese Technik im Klosett runter, bis die Märkte sich wieder aufheizen.

Kapitel 16

Die Teile zusammensetzen – das allerwichtigste Kapitel

Die Aktienmärkte wiederholen sich ständig.
Viele Kursmuster finden sich immer und immer wieder.
William O'Neil

Am erfolgreichsten steigern Sie Ihre Gewinne mit der Hit-and-Run-Methode, wenn Sie sie in Aktien einsetzen, die am selben Tag verschiedene Muster in die gleiche Richtung aufweisen. Zum Beispiel ist ein 180's gemeinsam mit einem Expansion Breakout ein kräftiges Signal. Nun kaufen Sie noch vor dem großen Volumen, und raten Sie – was? Sie werden vielleicht gutes Geld machen – und möglicherweise sogar verdammt gutes.

Bevor wir uns nun einigen Beispielen widmen, sollten wir kurz die Situation sich widersprechender Signale diskutieren, z.B. gleicher Tag mit Kauf- und Verkaufssignal. Ich werde die Antwort kurz halten: Handeln Sie nicht! Warum sich mit widersprechenden Signalen verwirren? Dieses Spiel ist schon ohne diese Unsicherheit schwer genug. Handeln Sie nur, wenn die Signale in eine Richtung weisen. Dieser Rat wird ihre Trefferquote, die Sie brauchen, um weiterhin eine gute Chance zu haben, dieses Spiel zu gewinnen, nicht sinken lassen.

Hier haben sie einige Beispiele für multiple Signale in die gleiche Richtung:

BEISPIEL 16.1 – Mossimo

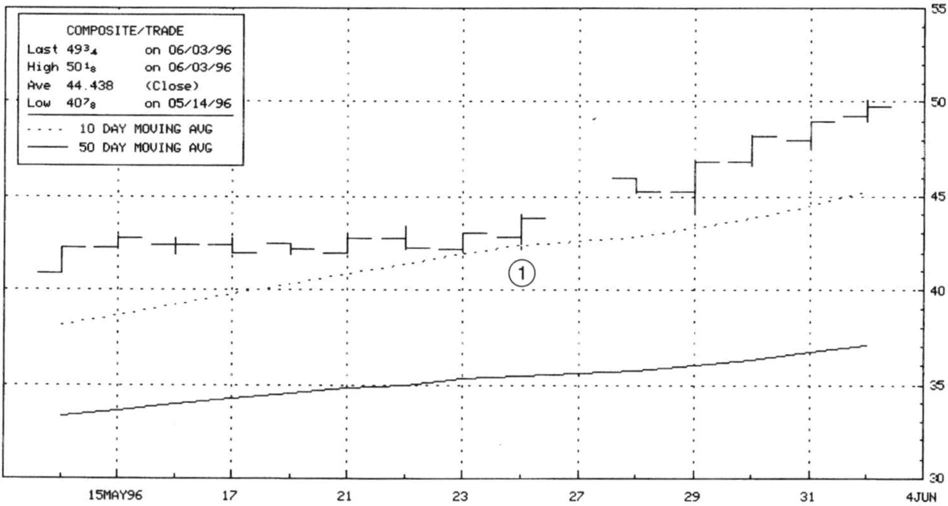

Gedruckt mit Erlaubnis von Bloomberg L.P.

1. Am 24. Mai 1996 löst Mossimo sowohl ein Slingshot- als auch ein 180's-Kaufsignal aus, bevor sie um 7 Punkte während der nächsten sechs Handelssitzungen ansteigt.

BEISPIEL 16.2 – S&P 500 Index

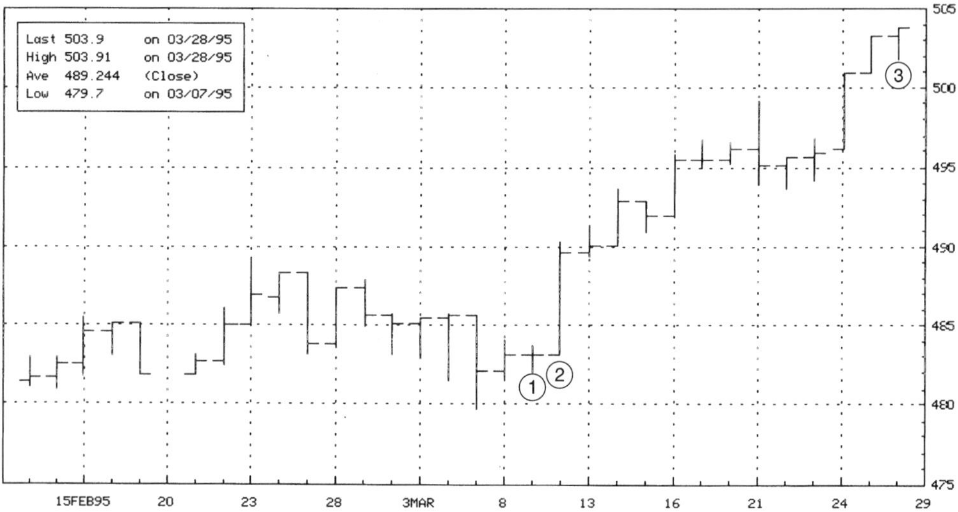

Gedruckt mit Erlaubnis von Bloomberg L.P.

Hier ist ein Beispiel paralleler täglicher Kaufsignale.

1. Ein Boomer nach oben (ADX ist 47 und der +DI ist größer als sein –DI).

2. Ein Expansion Breakout, als der Markt nach oben explodiert.

3. Der S&P steigt 20 Punkte in drei Wochen.

BEISPIEL 16.3 – MRV Communications, Inc.

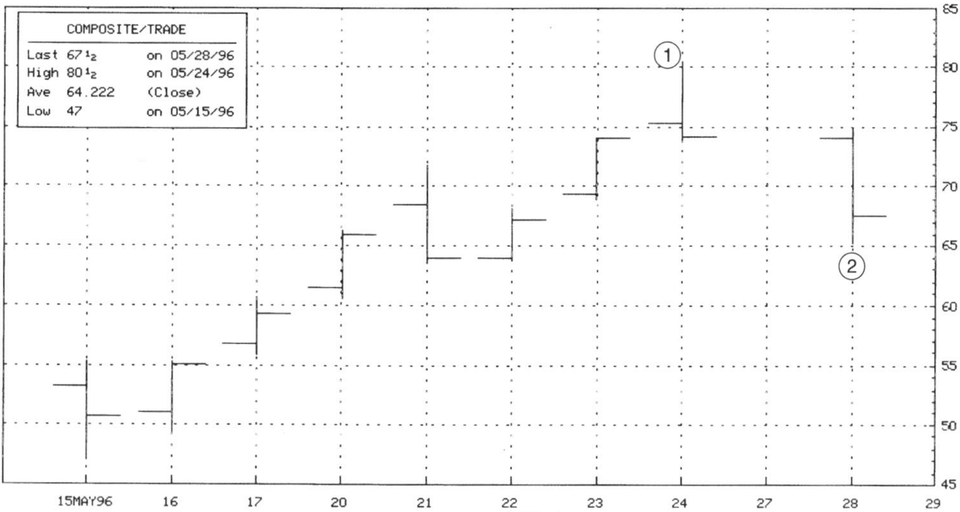

Gedruckt mit Erlaubnis von Bloomberg L.P.

1. 24. Mai 1996 – MRV Communications formt ein Gilligan's Island gemeinsam mit einem Lizard-Verkaufsmuster aus.

2. Am folgenden Handelstag fällt die Aktie intraday um 9 Punkte.

BEISPIEL 16.4 – Delta and Pine

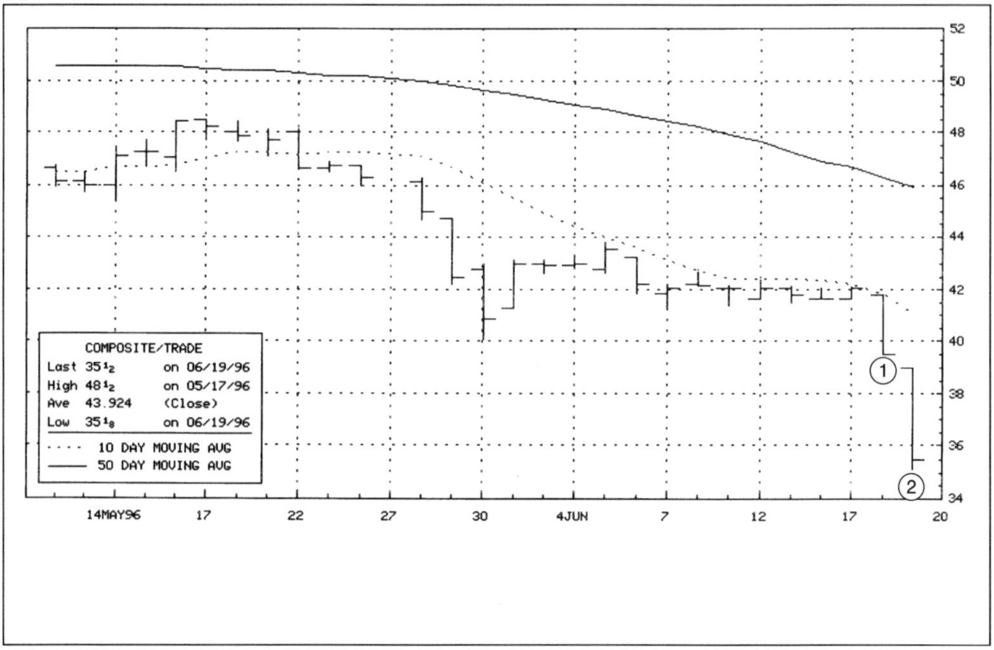

Der Einbruch von Delta und Pine über den Sommer 1996 führte zu einer sauberen Zwei-Tage-Kombination.

1. Am Morgen wird ein Boomer-Verkaufssignal ausgelöst. Zum Börsenschluss existieren eine 180's- und eine Expansion-Breakdown-Verkaufsstruktur.

2. Noch ein Leerverkaufssignal wird ausgelöst, und die Aktie bricht weiter nach unten weg.

BEISPIEL 16.5 – Global DirectMail Corp.

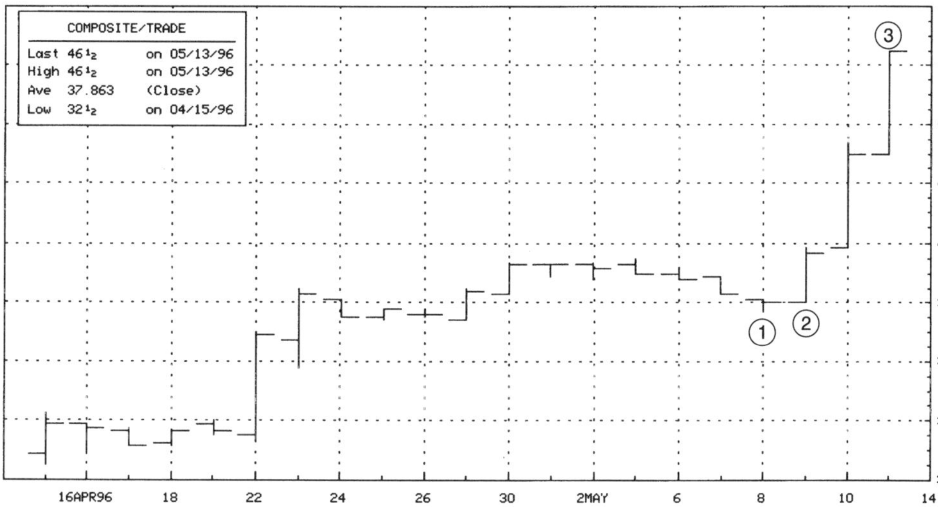

Gedruckt mit Erlaubnis von Bloomberg L.P.

1. Ein 1-2-3-4er-Kauf

2. Weitere Bestätigung durch ein Expansion Breakout (erhöhe Positionsgröße).

3. Ein solider 8-Punkte-Profit für einige Tage Arbeit.

BEISPIEL 16.6 – MLHR Equity

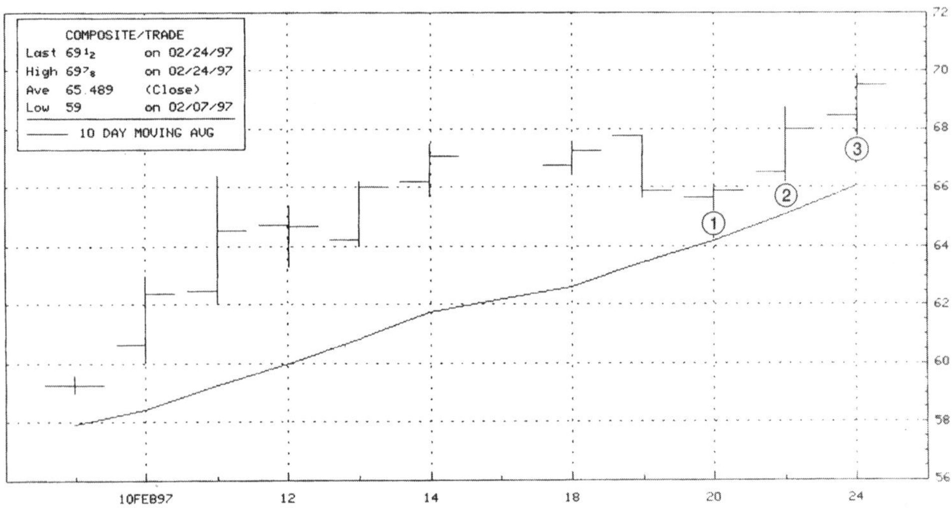

Gedruckt mit Erlaubnis von Bloomberg L.P.

Es ist eine seltene Situation, drei Signale zur gleichen Zeit zu erhalten, aber wenn das eintritt, dann haben sich die Vorteile in großem Maße zu Ihren Gunsten entwickelt.

1. Ein 180's- und ein 1-2-3-4er-Muster. Achten Sie darauf, dass ein Slingshot-Kaufsignal ausgelöst wird, wenn das Hoch vom 19. Februar überschritten wird.

2. Zur Eröffnung wird ein 1-2-3-4er- und 180's-Muster ausgelöst – und das Slingshot nahe dem Schlusskurs.

3. Die Aktie steigt weiter.

BEISPIEL 16.7 – 3COM

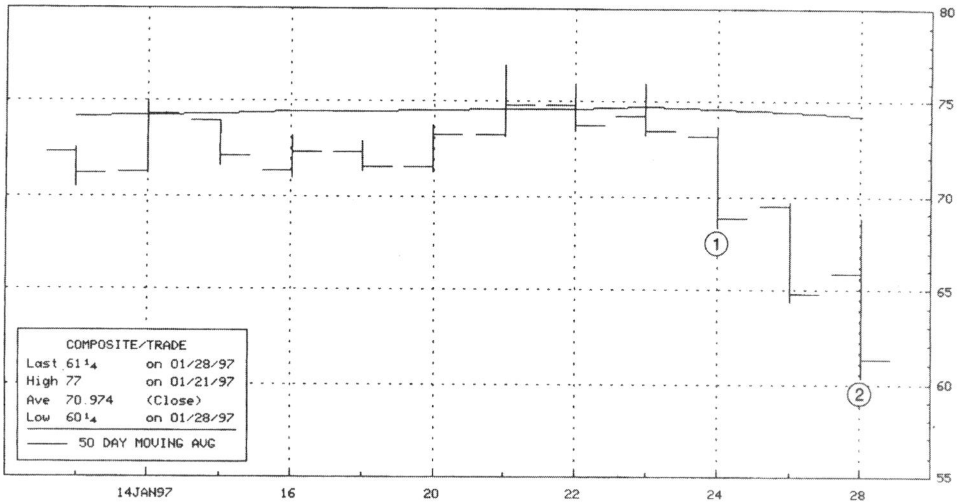

Gedruckt mit Erlaubnis von Bloomberg L.P.

1. Am 24. Januar 1997 weist 3Com sowohl ein Expansion Pivot wie auch ein Expansion Breakdown auf. Das bedeutet, dass Händler, die auf Ausbrüche spekulieren, und institutionelle Anleger, die die Signale des 50-Tage-Durchschnitts traden, durch diese Aktie alarmiert werden.

2. Innerhalb von zwei Tagen verliert die Aktie zehn Prozent ihres Werts.

BEISPIEL 16.8 – Ethan Allen

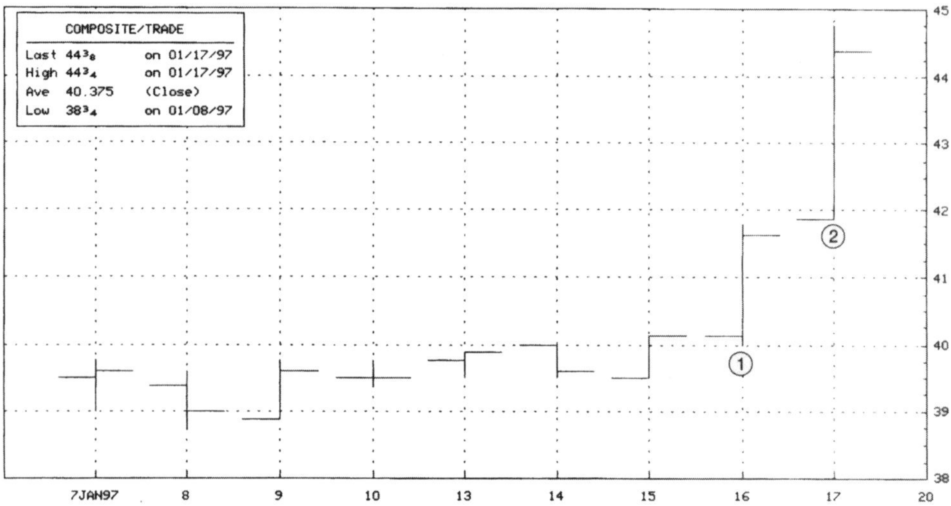

Gedruckt mit Erlaubnis von Bloomberg L.P.

Jedes Muster in Kombination mit Kaufen vor dem großen Volumen ist ganz besonders kräftig.

1. Ethan Allen hat ein Expansion Breakout.

2. Das Kaufsignal wird bei 40¼ ausgelöst. Innerhalb von 18 Minuten steigt die Aktie auf 42⅝ mit einer Nachfrage für 5.000 Aktien zu diesem Kurs. Eine Minute später wird der Bid-Kurs für 5.000 Aktien auf 42¾ angehoben. Zwei Minuten später gibt es eine Nachfrage für 10.000 Aktien bei 43. Dieses Breakout war ausreichend attraktiv für verzweifelte Käufer. Wenn Sie Einstiegssignale gemeinsam mit Panikkäufen und -verkäufen erkennen, dann sollten Sie aggressiver sein, da solche Situationen gewöhnlich zu soliden Gewinnen führen.

Zusammenfassung

Sie haben die Vorteile auf Ihrer Seite, wenn Sie Mehrfachsignale in die selbe Richtung erhalten. Diese Muster scheinen als Beginn hochprozentig zu sein, und wenn sie kombiniert werden, steigt die Chance auf Gewinn sogar noch höher.

Wenn ich mehrere Signale für den gleichen Tag bekomme, dann neige ich dazu, meine Positionsgröße zu erhöhen. Das bedeutet, wenn ich üblicherweise 1000 Aktien für jedes Muster handle, dann trade ich zwischen 1500 und 3000 Aktien für multiple Muster. Es ist augenscheinlich, dass ich damit mein Risiko steigere, aber meine Handelsergebnisse, die aus diesen Situationen entstehen, rechtfertigen mein Vorgehen.

Kapitel 17

Begleiten Sie mich: Eine Woche Hit and Run

Unsere Zweifel sind unsere Verräter.
Sie lassen uns das Gute, das wir gewinnen könnten, verlieren,
weil wir den Versuch scheuen.
Shakespeare

Ich dachte mir, dass es vielleicht informativ und amüsant wäre, ein Tagebuch über eine Woche Trading zu führen. Ich versprach mir, dieses Tagebuch die erste Woche nach Fertigstellung dieses Buches anzufangen. Ich hoffe, sowohl das Gute als auch das Schlechte aufzuzeigen, und lasse die Würfel fallen, wohin sie auch mögen.

Sie werden herausfinden, dass ich bei meinen Ausstiegen ein diskretionärer Händler bin. Das heißt, dass ich häufig auf Grund meines Instinktes aus profitablen Positionen aussteige. Ich habe herausgefunden, dass Erfahrung, und nur Erfahrung, der beste Lehrmeister ist, wenn es dazu kommt, aus einem Trade auszusteigen.

Sonntag, 9. Juni 1996

Ich erwarte einen ziemlich volatilen Wochenanfang an den Börsen. Am Freitag wurde der Anstieg der Arbeitslosenzahlen gemeldet, und der Bondmarkt brach augenblicklich ein. Der Future auf den S&P 500 eröffnete mit der maximal zugestandenen Preisschwankung von 12 Punkten nach unten – unglaublich – er schloss an diesem Tag höher. Es schaut aus, als ob der großartige Bullenmarkt der neunziger Jahre zumindest für einige weitere Wochen bestehen bleibt.

Meine Favoritenliste spiegelt die Stärke des Marktes wider. Sie besteht in überwältigendem Maße aus Aktien mit festem Aufwärtstrend. Tatsächlich kann ich keine Aktie vis a vis des ADX und der Relativen Stärke in einem Abwärtstrend entdecken. Ich bin mir sicher, dass einige Leerverkäufe in der Woche hinzukommen werden, aber in der Zwischenzeit bleibe ich dort, wo es turbulent ist. Einige Titel meiner Liste sind mir wohl vertraut und waren während der letzten Wochen gewinnbringende Trades. Die einzigen neuen Titel, die ich zuvor noch nicht gehandelt hatte, sind NRL, MST und CCU.

Bevor ich meine Arbeit beende, überprüfe ich den Nachthandel der Futures-Märkte von S&P, Bonds und Währungen, und finde heraus, dass eine geringe Neigung für eine Aufwärtsbewegung besteht.

Montag, 10. Juni 1996

Montagmorgen: Es wird erwartet, dass der S&P geringfügig höher eröffnet. Die Bonds handeln einige Ticks über dem Schluss vom Freitag. Es gibt keine besonderen Nachrichten, die sich auf die Aktien meiner Favoritenliste beziehen.

9:30
Sowohl der Aktienmarkt als auch die Bonds eröffnen unverändert. Qualcomm (QCOM) ist das erste Börsenengagement in dieser Woche. Die Aktie schloss am Freitag mit einem 180's nach oben, und notiert nun ⅛ Punkt über dem Freitagsschlusskurs. Ich kaufe bei 52¼. Mein Stop liegt bei 51¼.

9:35
HBO und Company (HBOC) ist ein Lieblingstitel für mein Trading. Er steht auf Navelliers Empfehlungsliste und hat mich schon einige Male in diesem Jahr mit einem gutem Gewinn aussteigen lassen. Die Aktie weist einen Lizard-Kauf auf, und ich bin mit 128¾ engagiert.

9:41
Ein weiterer 180's wird ausgelöst. Rain Forest Cafe (RAIN) zeigt ein Kaufsignal an, und ich gehe long bei 48. Ich sichere mich mit einem Stop bei 47 ab.

9:55
Viel Handlungsbedarf auf der Käuferseite diesen Morgen. Norell (NRL) hat einen Käufer (vielleicht auch zwei?) bei 51⅜ und wieder bei 51¾. Ich habe die Vermutung, dass es sich um jemand handelt, der die Aufwärtsbewegung am Freitag nicht mitmachen konnte und nun in Panik gerät. Ich kaufe sofort, noch vor ihm, bei 51⅞. Ich sichere mich mit einer Verkaufsorder bei 51¼ für den Fall einer Umkehr ab. HBOC fängt an zu steigen.

9:59
HBOC schießt auf 132, und ich gehe raus. Ich mache 3¼ Punkte in weniger als 30 Minuten. Nun verstehen Sie, warum ich in diese Aktie vernarrt bin. Wie ich schon anführte, ist es eine äußerst subjektive Empfindung, den Punkt, an dem Gewinne mitgenommen werden, zu erkennen. Wenn sich jedoch eine Aktie um 3¼ Punkte in weniger als einer halben Stunde bewegt, dann sichere ich mir den Gewinn.

Symbol	ADX > 30 oder RS > 95		10-Tage / 50-Tage-Durchschnitt	durchschnittliches Handelsvolumen < 200.000 Aktien (nur NXSE & ASE)	Trend U = up D = down	Handelsmuster
TNL	✓	✓	>	✓	U	1-2-3 Navellier
GYMB	✓		>		U	
AMER			<		D	
NRL	✓		>	✓	U	
SIH	✓		>	✓	U	1-2
MGX	✓	✓		✓	U	
CSCC	✓	✓	>	✓	U	
CCU	✓	✓	>	✓	U	
HBOC			>		U	Lizard Navellier
CYS	✓	✓	>	✓	U	
WHC	✓	✓	>		U	1-2
MST	✓	✓	>	✓	U	
AMAT			<		D	
REY	✓		>	✓	U	
PMS	✓	✓	>	✓	U	
CUBE			<		D	
RGR	✓		>	✓	U	
CHK	✓	✓	>	✓	U	1-2 Navellier
TOM	✓		>	✓	U	
RAIN	✓		>		U	
FLH	✓	✓	>		U	Navellier
QCOM	✓		>		U	180

10:00
Wieder Volumen. Technitrol (TNL) hatte einen 180's zur Eröffnung bei 39¾ (welchen ich verpasste), aber glücklicherweise sehe ich den Käufer und mein Auftrag wird bei 40½ ausgeführt.

10:05
RAIN dreht. Mein Stop zur Absicherung bei 47 wird ausgelöst, was einen sofortigen Verlust von 1 Punkt bedeutet. Autsch!!

10:20
Norrell schießt nach oben. Ich nehme die Hälfte meiner Position bei 54 heraus, die andere Hälfte bei 54⅜. Mein Gewinn beträgt beinahe 2½ Punkte in 25 Minuten.

10:50
Der Markt steigt entgegen meiner Erwartung nicht weiter an, aber wie es scheint, berührt mich das nicht. Mein neu gefundener Freund in TNL ist in Panik geraten und hat die Aktie höher getrieben. Ich verkaufe die Hälfte meiner Position bei 42⅛, die andere Hälfte einige Minuten später bei 42⅝. Genau wie Richard Dreyfuß im Film *Let it ride* meine ich, "Ich habe einen guten Tag!"

11:45
Der Tag ist ruhiger geworden, aber bei RYC zeigt sich ein Käufer. Ich steige vor dem großen Volumen ein und kaufe bei 74.

12:30
Qulcomm handelt richtungslos. Ich verkaufe bei 52¼ und streiche den Trade. Idealerweise möchte ich die Positionen von Beginn an im Gewinn sehen. Wenn das nicht der Fall ist, stimmt vielleicht irgend etwas nicht. Ich warte nicht, um herauszufinden, was es ist.

15:32
Ich verkaufe bei 75⅛ die Hälfte von RYC mit einem Gewinn von 1⅛ Punkten.

15:59
Ich werde die andere Hälfte von RYC halten. Die Aktie schließt fest und bildet ein 180's-Muster. Ich fühle mich wohl, die Aktie über Nacht zu halten.

Zusammenfassung
Obwohl der Aktienmarkt ruhig war, hatte ich einen guten Tag. Ich handelte sechs mal mit fünf Gewinnern. So profitabel der Tag auch war, so muss ich dennoch bedenken, dass es erst Montag ist und ich alles noch in Relation setzen muss.

Dienstag, 11. Juni 1996

9:40
Meine erste Shortposition in dieser Woche. Fila (FLH) löst ein Gilligan's-Island- Verkaufssignal bei 96⅜ aus. Mein Auftrag wird mit dem ersten Aufwärtstick bei 96⅛ ausgeführt. Mein Stop befindet sich bei 97⅛. Ich werde diese Aktie genau beobachten, da sie das Potential besitzt, sich innerhalb von Minuten einige Punkte zu bewegen.

10:46
Ein unbeirrter Käufer taucht bei Chesapeake Energy (CHK) auf. 5000 Aktien werden zu einem Kurs von 85 und dann zu 85⅛ nachgefragt. Ich steige davor ein und werde mit 85½ ausgeführt. Mit dem Stop bei 84⅞ werde ich ⅝ Punkte riskieren.

10:57
Fila ist seit meinem Shortengagement um mehr als 1½ Punkte gefallen und beginnt peu a peu zu steigen. Es ist Zeit, die ersten Gewinne des Tages mitzunehmen. Ich kaufe bei 94⅞ zurück und verdiene 1¼ Punkte.

12:23
CHK steigt um einen Punkt. Ich entschließe mich, diesen Punkt einzustecken und verkaufe die Hälfte bei 86½.

12:38
Bei CHK zeigt sich ein größerer Verkäufer, der 86¾ haben will. Ich verkaufe die andere Hälfte bei 86½.

Zusammenfassung
Ein sehr ruhiger Tag! Tage wie dieser können gefährlich sein, weil Sie sich selbst in Schwierigkeiten bringen können, indem sie nach Handelsmöglichkeiten suchen. Ich habe das in der Vergangenheit gemacht, und es gehört Willenskraft dazu, es in Zukunft nicht zu tun.

Mittwoch, 12. Juni 1996

Schlief letzte Nacht schlecht. Ich hoffe, dass sich das nicht auf mein Trading auswirkt. Würde ich für ein großes Unternehmen arbeiten, müsste ich mich ein wenig bremsen und erst am nächsten Tag wieder voll handeln. Unglücklicherweise bedeutet aber für mich Selbstbeschränkung, dass ich nichts verdiene. Der Bericht über die Inflation (Consumer Price Index) und der Book-to-Bill Ratio sind ausgezeichnet und sollten den Aktien ein bisschen helfen.

12:03
Der ruhige Handel von gestern überträgt sich auf heute. Ich bin immer noch long in RYC. Eine Nachfrage für 5000 Aktien verschwindet (Kein Handel kommt zu Stande. Entweder hat der Käufer seine Meinung geändert oder ein Spezialist weiß etwas). Ich gehe sofort bei 74¾ aus dem Markt. Es bestätigt sich als eine richtige Entscheidung. Die Aktie schließt bei 72⅝. Wie Sie mich schon sagen hörten: Manchmal fahren Sie besser mit Glück als mit Intelligenz.

12:20
HBOC führt einen Aktiensplit im Verhältnis 2:1 durch. Ein Gilligan's Island-Verkausssignal wird bei 63⅝ ausgelöst. Ich bekomme eine Ausführung mit 63⅝.

14:56
Ein Boomer ergibt sich in RGR bei 52⅝ und ich kaufe. Mein Stop liegt bei 51½.

15:20
HBOC fällt. Ich decke die Hälfte meiner Leerverkäufe mit 62⅜ ein.

Marktschluss
Ich halte meine HBOC-Shortposition und meine RGR-Position über Nacht. Ich hoffe, dass ich heute Nacht besser schlafe, damit ich morgen nicht so gehirntot bin.

Donnerstag, 13. Juni 1996

Der Markt erscheint heute Morgen sehr ruhig. Vom S&P wird erwartet, dass er geringfügig höher eröffnet.

9:59
Ich gehe Amer wegen eines Woops bei $46\frac{13}{16}$ short.

12:36
Das Boomer-Signal bei RGR scheint zu greifen. Als Draufgabe gibt es noch einen ungeduldigen Käufer. Ich kaufe noch vor seinem Auftrag eine zweite Position bei 53. Obwohl der Markt nach unten geht, scheint sich die Aktie nicht darum zu kümmern. (Ich nenne diese Aktien Torpedos.)

12:54
Ich verkaufe Gymboree wegen eines Lizard-Signals bei 35 3/16 leer.

13:11
SIH gefällt einem Käufer, und ich kaufe noch vor seinem Auftrag und gehe long bei 53¼.

13:15
America Online läuft gegen mich, und ich werde mit einem Verlust von 1 1/16 Punkten ausgestoppt. Nicht nur, dass ich (mit dem Stop) das Tageshoch erwischte, sondern die Aktie drehte auch sofort wieder und fällt, nachdem ich meine Shortposition eingedeckt hatte. Jetzt zu sagen, dass ich genervt bin, wäre eine Untertreibung.

15:53
RGE notiert bei 53⅞. Es ist Zeit, die Hälfte meiner Position mit einem soliden Gewinn einzukassieren.

Marktschluss
Ich bin in RGR und SIH long und in GYMB short (½ Punkt Gewinn) und gehe nach Hause. Der Tag wurde mit Gewinn abgeschlossen, aber ich möchte Ihnen auch die negative Seite zeigen. Filas Gilligan's Island vom Vortag brachte die Aktie auf 89½*, 5⅜ Punkte unter dem Kurs, bei dem wir uns eingedeckt hatten. Das ist die schmerzvolle Seite von meiner Hit-and-Run-Methode, aber es ist auch eine, die ich bereit bin, zu akzeptieren. Ungeachtet dessen habe ich wieder einen profitablen Tag, und ich freue mich auf morgen, um eine gewinnbringende Woche abzuschließen.

* Die Aktie fiel während der nächsten Woche auf ein Tief bei 81⅜.

Freitag, 14. Juni, 1996

9:44
Wackenhut (WHC) löst ein 180's- und ein 1-2-3-4er-Kaufsignal aus. Der Kurs für das Kaufsignal liegt bei 37⅝, aber die Aktie eröffnet mit 38¼, und ich kaufe.

9:45
Es ist verblüffend, ich hatte kein einziges Angebot für zusätzliche Aktien im Rahmen einer Kapitalerhöhung in dieser Woche bis zum heutigen Tag. CCU eröffnet bei 84¼ (Emissionskurs bei 84) und ein Käufer will 100.000 Aktien zu diesem Kurs. Ich steige sofort vor dem Großauftrag ein und erhalte eine Durchführung bei 84⅝. Das ist eine miserable Ausführung, aber ich erinnere mich an ein Interview mit einem der Trader in Jack D. Schwagers *Market Wizards*, der meinte, "je schlechter die Ausführung ist, desto besser wird die nachfolgende Bewegung sein." Also biss ich mir auf die Zunge. Den Stop setze ich bei 83⅞, ⅛ Punkt unter dem Emissionskurs.

10:02
WHC steigt bis auf 40 und dreht auf der Stelle. Ich ziehe meinen Stop auf 39 nach und werde kurz darauf mit nur einem ½ Punkt Gewinn ausgestoppt.

10:44
Nun weiß ich, warum dieser Typ ein "Market Wizard" ist. CCU steigt bis auf 86, bevor ein großer Verkäufer Aktien zum Kauf anbietet. Ich verkaufe die Hälfte meiner Position bei 85½.

11:42
Ich decke die Hälfte meines Lizard-Leerverkaufs in Gymboree bei 34¼ ein.

14:38
Der Markt gefällt mir gar nicht. Ich würde es vorziehen, nicht zu viele (oder überhaupt keine) Longpositionen über das Wochenende zu halten. Die verbleibende Hälfte von CCU verkaufe ich bei 85½ mit 1 Punkt Gewinn.

15:47
Gymboree geht gemeinsam mit dem Aktienmarkt nach unten. Ich decke diese Shortposition ein und nehme die Gewinne meines letzten Trades der Woche bei 33⅛ mit.

Zusammenfassung

Das ist eine gute Woche für Hit-and-Run-Handelsmuster. Eine große Anzahl meiner Trades sind gewinnbringend und, was noch wichtiger ist, mein größter Verlust-Trade betrug lediglich $1^{1}/_{16}$ Punkte. Es ist mein Ziel, pro Woche aus allen meinen Trades 10 Punkte Nettogewinn zu erhalten. Somit ist diese Woche besonders erfreulich.

Ich muss zwei Tatsachen, die diese Woche ungewöhnlich machen, herausheben.

1. Die Mehrzahl meiner Muster waren auf die Longseite gerichtet. In den meisten Wochen mache ich aber gleich viele Short- wie Longtrades.

2. Meine ursprüngliche Favoritenliste, die ich am Sonntagabend erstellt habe, lieferte alle meine Trades. Das kommt selten vor. Während der meisten Wochen füge ich Titel meiner Liste hinzu, sobald die Anfangsbedingungen es rechtfertigen. Die Liste für diese Woche ergab aber genügend Gelegenheiten mit den ursprünglichen Aktien.

Insgesamt hatte der Markt einen schwachen Wochenverlauf. Man könnte vermuten, dass Abgaben stattfinden. Der Dow verlor 38 Punkte. In Anbetracht dessen erscheint mein Ergebnis noch mehr zufriedenstellend. Mein Konto habe ich die elf Wochen ununterbrochen profitabel gehandelt. Trotzdem bin ich Realist genug, dass es auch Verlustwochen geben wird. Daher bin ich dankbar für mein Glück.

Nachtrag: Meine Marktanalyse der beginnenden Abgabephase war korrekt. Während der nächsten fünf Wochen wurde der Markt von einer tiefen Korrektur getroffen. Auf Grund dieses Sell-Off mussten diejenigen, die eine Kaufen-und-Halten-Strategie bevorzugen, sechs Monate Gewinn zurückgeben, während ich eine meiner profitabelsten Perioden in über vier Jahren Trading erlebte.

Kapitel 18

Die Schlussglocke

Ein Mann kann so groß sein, wie er sein will. Wenn Sie an sich glauben, den notwendigen Mut aufbringen, den Wettbewerbsgedanken in sich tragen, Entschlusskraft und Hingabe aufbringen – und wenn Sie bereit sind, auf viele kleinen Dinge im Leben zu verzichten, und den angemessenen Preis für die sich lohnenden Dinge bezahlen, dann kann es geschafft werden.

Vince Lombardi

Sie sind nun mit meiner Methodik ausgerüstet. Sie wissen nun, warum es wichtig ist, dort zu handeln, wo sich genügend Volatilität befindet. Sie verstehen die Bedeutumg von Trend und Momentum, sowohl nach oben wie auch – mindestens genauso wichtig – nach unten. Sie erkennen, dass ein Hauptgrund, warum diese Muster funktionieren, darin liegt, dass Sie bei den richtigen Aktien verwendet werden. Ferner erkennen Sie, dass meine Methodik wenig Geld riskiert und rasch Gewinne mitnimmt.

Ihr Plan für jede einzelne Woche wird sich nicht sehr viel von meinem unterscheiden. Ich handle zwischen 1000 und 2000 Aktien pro Signal und versuche zwischen 1 Punkt und 4 Punkten pro Trade zu erhalten, während das Risiko hoffentlich 1 Punkt nicht überschreitet. Meine Muster erreichen durchschnittlich 60 Prozent Gewinn-Trades und 40 Prozent Verlust-Trades. Wenn die

Woche zu Ende ist und der Staub sich gelegt hat, hoffe ich 10 Punkte Gewinn eingefahren zu haben. Während einiger Wochen mache ich weniger Gewinn, einige Wochen enden mit einem Verlust (nicht sehr oft, Gott sei Dank), und während einiger Wochen erreiche ich mehr Gewinn. Im Durchschnitt aber sind es 10 Punkte.

Während ich das 1996 schreibe, träumen Tausende von Money Managern und Investoren, der nächste Warren Buffett zu werden. Unglücklicherweise werden sie aber ärmer aus dem Bärenmarkt hervorgehen, anstatt mit Gewinn abzuschließen. Erinnern Sie sich, **Kaufen und Halten funktioniert nur in Bullenmärkten!**

Meine Empfehlung an Sie lautet, Ihre neu gefundenen Strategien langsam in Ihr Trading einfließen zu lassen. Das ermöglicht Ihnen zu erkennen, wie jedes Muster sich handeln lässt. Ich kann Ihnen versprechen, dass sich die Strategie, Kaufen vor dem großen Volumen, gewaltig von der Strategie Gilligan's Island, etc. unterscheidet. Fangen Sie deswegen langsam und vorsichtig an, und werden Sie mit jedem einzelnen Muster gut vertraut, bevor Sie Ihr schwer verdientes Geld dem Risiko aussetzen.

Ich wünsche Ihnen das Beste für Ihre Trading-Anstrengungen.

Jeff Cooper

Anhang

Anhang 1

Erstellen der Favoritenliste – Teil II –

Ungefähr eine Stunde verbringe ich jeden Tag nach Handelsschluss damit, meine Favoritenliste zu überarbeiten. Diese Liste ist wichtig, aber bitte erinnern Sie sich, dass es viel wichtiger ist, sich auf die richtigen Aktien zu konzentrieren. Ihre tägliche Arbeitsliste muss wirklich nicht jede Aktie beinhalten, die sich gemäß den Parametern qualifiziert. Sie sollte lediglich eine Hand voll Aktien enthalten, die gute Volatilität aufweisen.

Die einfachste Art, die Gesamtheit möglicher Aktien zu betrachten, ist, die Liste in die für jede Strategie notwendigen Indikatoren zu unterteilen:

1. Neues Zwei-Monats-Hoch / Neues Zwei-Monats-Tief / Ausdehnung der Handelsspanne.

a. Expansions Breakout
b. Gilligan's Island
c. Slingshots
d. Lizards (10 Tage)

2. ADX größer als 30 (±DI oder RS 95 oder größer)

a. 1-2-3-4er
b. Kaufen vor dem großen Volumen
c. Boomers

3. 10-Tage-/50-Tage-Durchschnitt

a. 180's
b. Whoops

4. 50-Tage-Durchschnitt/Ausdehnung der Handelsspanne

a. Expansion Pivots

Ich glaube, das hilft, die Arbeit zu vereinfachen. Mit der Zeit wird das Erstellen der Liste zweitrangig für Sie werden.

Noch etwas zum Schluss: Meine Liste ist programmiert und wird jeden Tag auf meinem Bildschirm neu erstellt. Ich verfolge permanent das Kursverhalten dieser Aktien. Sie werden herausfinden, dass einige Aktientitel sich manchmal über mehrere Wochen auf Ihrer Liste befinden werden. Auf Grund der Vertrautheit mit diesen Werten wird es für sie noch einfacher werden, sie zu handeln.

Anhang 2

Die beste Art, ihren Gewinn zu maximieren

Für jene von ihnen, die nicht ausschließlich Day Trader sind, kann vielleicht Folgendes interessant sein. Aus Erfahrung abgeleitet, gibt es eine hohe Wahrscheinlichkeit, dass eine Aktie, die fest zu Ihren Gunsten geschlossen hat, am nächsten Morgen eine Anschlussbewegung aufweist. Das bedeutet, dass eine Longposition mit einem Schlusskurs im oberen Bereich der Handelsspanne wahrscheinlich am nächsten Handelstag höher steigen wird. Ich glaube, das entsteht, weil Käufer nicht ihre Aktien bekommen konnten und sich nun zur nächsten Eröffnung eindecken. Das Gleiche gilt auch für Leerverkäufe, die nahe ihres Tiefs schließen.

Hier haben Sie zwei Beispiele für dieses Konzept:

BEISPIEL A.1 – Merck

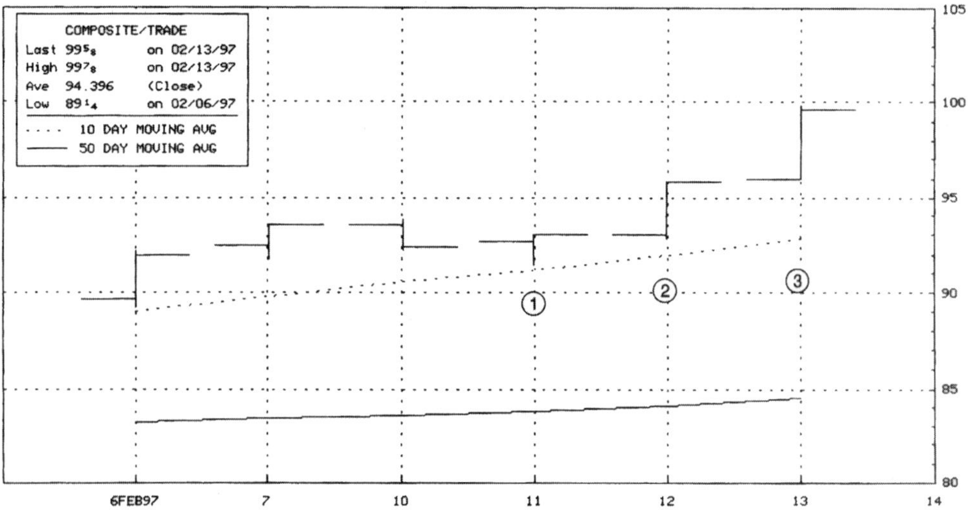

Gedruckt mit Erlaubnis von Bloomberg L.P.

1. Merck hat ein 180's-Muster.

2. Der 180's wird bei 93⅛ ausgelöst. Beachten Sie, wie der Markt genau am Hoch des Tages bei 95⅞ schließt. Solange Sie nicht die Position schließen müssen, sollten Sie zumindest die Hälfte über Nacht halten.

3. Die Käufe (Momentum!) gehen am nächsten Tag weiter und Merck schließt bei 99⅝. Dadurch, dass Sie die Aktie über Nacht hielten, konnten Sie noch an der Bewegung über 3¾ Punkte teilhaben.

BEISPIEL A.2 – Orion Capital

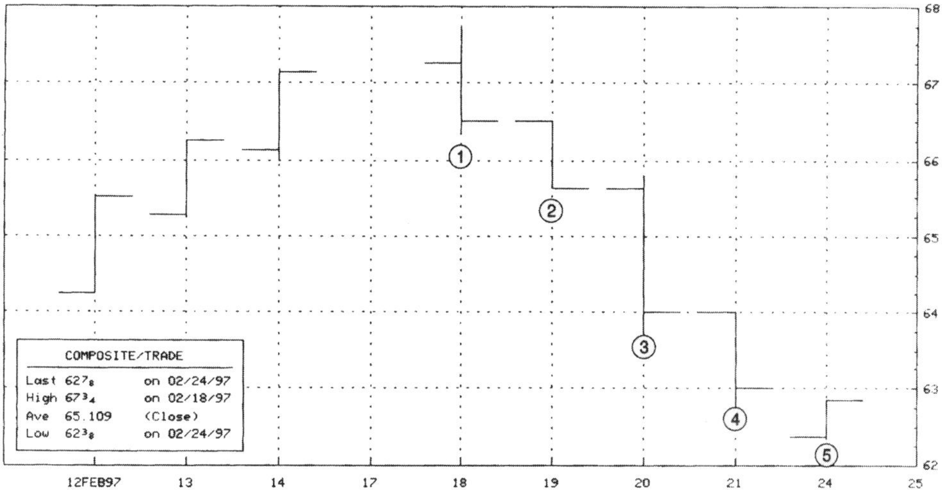

Gedruckt mit Erlaubnis von Bloomberg L.P.

1. Ein Gilligan's Island-Muster.
2. Wir gehen short bei 66¼. Die Aktie schließt am Tief ihrer Handelsspanne.
3. Die Verkäufe dauern an. Orion Capital schließt noch einmal nahe dem Tief der heutigen Handelsspanne.
4. Weitere Verkäufe und ein weiterer schwacher Schluss.
5. Eine Umkehr. Gewinne sollten mitgenommen werden.

Noch etwas: Sollte eine Aktie einen schwachen, nicht Ihrem Wunsch entsprechenden Schluss haben, dann nehmen Sie Ihren Gewinn mit. Es ist das Beste, was sie tun können, das Geld in die Tasche zu stecken und ohne eine Position im Markt nach Hause zu gehen.

Anhang 3

Wie setze ich das Nachziehen von Stops ein

Obwohl die meisten meiner Einstiege durch mechanische Kursmuster vorbestimmt sind, sind meine Ausstiege ziemlich beliebig. Um Ihnen eine zusätzliche Hilfestellung zu geben, würde ich Ihnen gerne zeigen, wie ich vorgehe, wenn ich Stops nachziehe, und wie ich Gewinne mitnehme. Bitte merken Sie sich, dass es sich hierbei nicht um in Stein gemeißelte Regeln handelt, sondern um Richtlinien, damit Sie eine Vorstellung haben, wonach Sie suchen müssen.

BEISPIEL A.3 – Nike

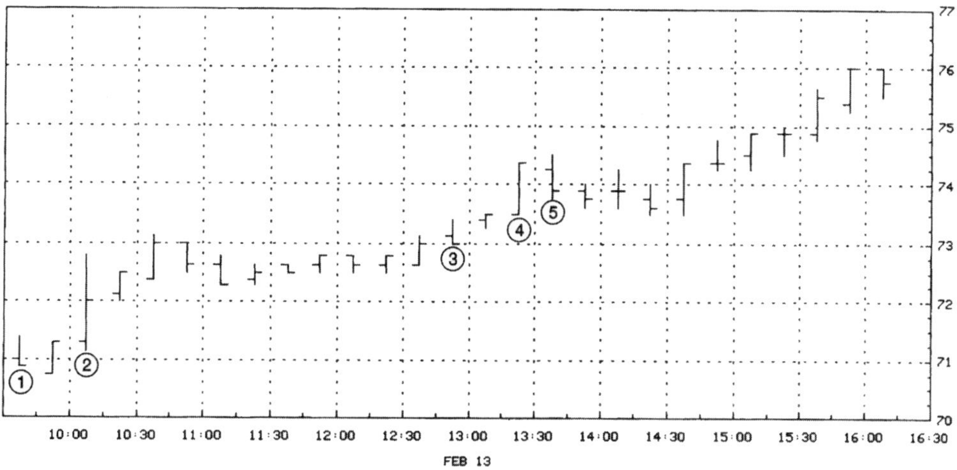

Gedruckt mit Erlaubnis von Bloomberg L.P.

Am 12. Februar zeigte Nike ein Expansion Breakout.

1. Das Kaufsignal wird am nächsten Morgen bei 71⅜ ausgelöst und mit einem Eingangsstop zur Absicherung bei 70¼ versehen.

2. Die Aktie steigt auf 72⅞. Wir sollten unseren Stop auf 71⅞ nachziehen, um einen kleinen Gewinn sicher zu stellen. (und viel wichtiger: Stellen Sie sicher, dass sich dieser Anstieg nicht in einen Verlust verwandelt!)

3. Nike steigt auf 73⅜. Wir ziehen den Stop noch einmal um ½ Punkt auf 72⅜ nach. An einem solchen Punkt angelangt, verkaufe ich häufig die Hälfte meiner Position, da ich einen 2-Punkte-Gewinn absichern will.

4. Ein weiterer Aufwärtsschub. Mit einer Nike-Aktie, die bei 74½ notiert und 3¼ Punkte Gewinn hebe ich meinen Stop enger auf 73¾ an.

5. Gewinnmitnahmen setzen ein. Ich werde ausgestoppt, bevor ich den Anstieg bis auf 76 miterleben darf. Aber das Allerwichtigste daran ist, dass ich einen soliden Gewinn sicher stellen konnte.

Einige von ihnen mögen sich nun fragen, ob es nicht besser gewesen wäre, den Stopkurs weiter entfernt zu halten, um an einem weiteren Anstieg noch partizipieren zu können. Für diese Situation lautet die Antwort: Ja. Aber in vielen anderen Situationen sicherten diese Stops Gewinne, bevor der Markt gefährlich drehte.

Nachdem ich den größten Teil meines Erwachsenendaseins gehandelt habe, bin ich überzeugt, dass es keinen perfekten Ausstieg aus einem Trade gibt. Die überwiegende Mehrzahl meiner Freunde, die erfolgreich traden, teilen diese Auffassung – sie maximieren niemals ihre Trades, und sei es nur wegen des Einsatzes von Stopkursen. Auf der anderen Seite sind sie erfolgreich, weil sie Stops setzen, um sich zu schützen und Gewinne abzusichern.

Noch einmal: Das ist eine Kunst und keine Wissenschaft, und die wichtigste Verwendung von nachgezogenen Stops ist es, Ihr Kapital und schließlich die Gewinne abzusichern.

Anhang 4

Risiko kontra Gewinn

Wie Sie gesehen haben, gibt es Zeiten, in denen Hit-and-Run-Muster zu großen Gewinnen führen. Was Sie zwingend wissen müssen, ist, dass diese Gewinne aus zusätzlich eingegangenen Risiken resultieren. Je volatiler eine Aktie, desto wahrscheinlicher ist es, einen großen Zuwachs verbuchen zu können, aber auch ausgestoppt zu werden. Das trifft besonders bei NASDAQ-Aktien zu. Diese "Vier Buchstaben"-Aktien, wie ich sie bezeichne, führen zu meinen größten Gewinnen, aber sie weisen eben auch gegenüber weniger volatilen NYSE-Aktien eine höhere Rate auf, ausgestoppt zu werden. Das Risiko, das Sie eingehen wollen, ist Ihre persönliche Entscheidung, aber bitte erkennen Sie, dass mit höherem Risiko auch ihre Schmerzgrenze höher liegen muss.

Anhang 5

Berechnung des ADX

Hier haben Sie die Formeln für ADX, +DI und -DI. Ich empfehle ganz besonders, eine Trading-Software zu kaufen, die Ihnen diese Berechnungen abnimmt.

INTERPRETATION & BERECHNUNG

Der erste +DI und –DI (Directional Indicators) errechnet sich durch Addition der direkten Bewegungen (Directional Movements) und Division durch die True Range (wahre Handelsspanne) über eine gewisse Zeiteinheit (default 14 Tage)

+DM (Positive Directional Mvmnt) =
Der höchste Preis (heute) – Der höchste Preis (gestern)
-DM (Negative Directional Mvmnt)=
Der tiefste Preis (gestern) – Der tiefste Preis (heute)

Tage, an denen das Hoch oder Tief des Vortages nicht übertroffen werden, werden ignoriert.

Wenn –DM > +DM, +DM =0, Wenn +DM > –DM, –DM=0

Die True Range wird bestimmt durch den größten Absolutwert von:

1. Hoch von heute – Tief von heute, oder
2. Hoch von heute - Schlusskurs vom Vortag, oder
3. Tief von heute -Schlusskurs vom Vortag.

Der +DI misst die Aufwärtsbewegung, und der –DI misst die Abwärtsbewegung.

+DI (positive Direc. Indicator) =
Addition von {+DM (Anzahl von Tage)/ True Range (Anzahl von Tage)} • 100

-DI (negative Direc. Indicator) =
Addition von {–DI (Anzahl von Tagen)/ True Range (Anzahl von Tage)} • 100

Nachfolgende DMs, True Range, und DIs werden geglättet sobald die ersten +DI und –DI erhalten worden sind.

+DM (heute) = +DM(vorhergehender Wert) – (+DM (vorhergehender Wert)/Zyklenlänge) + +DM (heute)

–DM (heute) = –DM(vorhergehender Wert) – (–DM(vorhergehender Wert)/Zyklenlänge)+-DM(heute)

Trnge (heute) = Trnge(vorhergehender Wert) – (Trnge (vorhergehender Wert)/Zyklenlänge) + Trnge(heute)

+DI (heute) = (+DM (heute)/Trnge (heute)) • 100

–DI (heute) = (–DM (heute)/Trnge (heute)) • 100

Bemerkung: Trnge steht für True Range.

Welles Wilder, der Entwickler des Direktionalen Systems, empfiehlt zu kaufen, wenn der +DI den –DI von unten nach oben überwindet. Er empfiehlt zu verkaufen, wenn der –DI den +DI von oben nach unten schneidet. Ein Gleichgewicht herrscht vor, wenn +DI und –DI gleich sind. Je stärker die Divergenz zwischen den beiden Linien ist, um so stärker herrscht der Trend in den Märkten vor.

Der DX ist der direktionale Indikator. Er wird errechnet durch Division des Absolutwertes der Differenz aus den DIs durch die Summe der DIs und normalisiert durch Multiplikation mit 100. Je höher der DX, desto direkter die Bewegung; je tiefer, um so geringer ist die direkte Bewegung; einzig der DX misst, wie stark die Bewegung nach oben und unten ist (der Betrag der Bewegung).
DX = ((+DI) – (–DI) / (+DI)+(–DI)) • 100

Der ADX, Average Directional Movement Index, ist eine Art gleitender Durchschnitt des DX.
ADX(heute) = {Vorherghender ADX • (Anzahl der Tage - 1))
+ DX(heute)} / Anzahl der Tage

Die ADXR-Linie, eine Bewertung des Average Directional Index, ist einfach ein Durchschnitt des ADX zu Beginn und Ende einer Periode.

ADXR = ADX (heute) + ADX (heute – Zahl der Tage)) / 2.0

Bei einem ADXR mit einem Wert von über 20 wird von einem Markt mit ausgeprägtem Trend ausgegangen.

Gedruckt mit Erlaubnis von Bloomberg L.P.

Anhang 6

Warum ich mich nicht auf Aktienmarktanalysen verlasse

Über die Jahre hinweg haben mich viele Menschen gefragt, warum ich mich nicht auf Analysen von Brokerhäusern verlasse. Das Folgende soll meine Auffassung stützen.

```
142766 BBN 16:48 Gruntal untersucht bizarren Bericht von
einem Fluglinien-Analysten. (Update1)

Chicago, 22.Aug. (Bloomberg) Gruntal & Co. sagte, dass
sie einen nicht autorisierten Bericht ihres Transport-
Analysten untersuchen, der behauptet, die U.S.-Regierung
sei nicht nur in die Vertuschung der Ursache des
Absturzes von TWA Flug 800 letzten Monats verwickelt,
sondern sie sei auch an anderen Verschwörungen betei-
ligt.
        In einem nichtssagendem 14-seitigen Dokument, das
diese Woche an die Medien ging, deutet der Analyst Steve
Lewins an, dass die U.S.-Regierung die Explosion des
Challenger Spaceshuttle 1986 verhindern hätte können. Er
gehe nurmehr mit einem Samuraischwert zu Bett, weil sein
Leben bedroht werde.
        Lewins antwortete auf Anfragen zu diesem Bericht
nicht.
        Randy Bradley, der Assistent des Vorstands-
vorsitzenden von Gruntal, erklärte, dass sie diesen
Bericht, der nicht der offiziellen Haltung der Firma
```

entspricht, überprüfen werden. Lewis wurde aber nicht entlassen oder suspendiert.

"Das war ein Versuch von Lewis, einen Artikel oder eine Geschichte zu schreiben. Ob es sich dabei um Fiktion oder nicht handelt, bleibt die große Frage", sagte Bradley. "Auf jeden Fall war dieses Schreiben nicht offiziell und daher auch nicht von Gruntal legitimiert."

Killer-Papagei

Das Dokument, datiert vom 11. August, wurde auf einem einfachen weißen Blatt Papier getippt, mit handgeschriebenen, an den Seitenrand gekritzelten Anmerkungen, und in offiziellen Gruntal-Briefumschlägen versandt.

Das Schreiben behandelt eine Anzahl von Themen. An einem Punkt sagt Lewins, dass er fünfzehn Morddrohungen in den letzten Wochen erhalten habe. Sein Papagei, der ihn vor dem Killer warnen soll, bewache ihn jede Nacht.

In dem Schreiben sagt Lewins, dass die U.S.-Regierung auf Grund einer Kampagne von Fehlinformationen damit beschäftigt ist, die amerikanische Bevölkerung zu überzeugen, dass der TWA Flug 800 explodierte, als das Flugzeugkerosin Feuer fing.

Lewins sagt, dass er an die Offiziellen von Trans Wold Airlines vor der Tragödie geschrieben habe, um ihnen mitzuteilen, dass ihre Sicherheitsmaßnahmen am JFK International Airport nachlässig sind. Damit sei die Fluglinie für Terroranschläge gefährdet. Er sagt, dass der geschäftsführende Direktor von TWA, Jeff Erikson, das Schreiben am Tag, nachdem der Flug 800 explodiert war, wobei 230 Menschen getötet wurden, erhalten habe.

Symbolismus in Zahlen

Der Flug 800 wurde von Terroristen ausgewählt, weil die Zahlen den Symbolen für die Unendlichkeit gleichen, schreibt Lewins.

"Die Null gleicht einem "O", was bedeuten soll, Perfektion und Unendlichkeit, die die Heiligkeit des Anschlags repräsentieren soll." Schrieb er.

Ferner sagt Lewins, dass das Flugzeug in 13.000 Fuß Höhe gesprengt wurde, weil die Zahl 13 die ursprünglichen 13 U.S.-Kolonien symbolisiert, ausgedrückt in den jeweils 13 Sternen und Streifen der Originalfahne und den 13 Pfeilen in den Krallen des Amerikanischen Adler, des Nationalsymbols.

Er legt auch nahe, dass das Challenger Spaceshuttle mit Wissen der Nationalen Luftfahrtbehörde und Space Administration in einem falschen Winkel gestartet wurde. Die Behörden konnten diese Mission nicht abbrechen, da Präsident Ronald Reagan eine bedeutende Pressekonferenz zu diesem Start hielt.

Später bot Lewins den Fluglinien Vorschläge für Sicherheitsmaßnahmen an. Er sagte, dass Fluglinien jedem Passagier einen Liter Trinkwasser geben sollen, um terroristische Virusanschläge abzuwehren. Er sagt, dass Terroristen von Tieren auf Bauernhöfen einen Virus bilden können, der auf Menschen übertragen werden kann.

"Der Virus entsteht in den Enten, springt auf Schweine über und durch Luftübertragung infiziert er Menschen", schrieb Lewins.

Lewins führt fort, dass Fluglinien ihr Sicherheitspersonal "durch Einladung von Analysten wie mich zu den Ausbildungseinheiten" trainieren sollten.

Lewins, dessen Analysen über Aktien des Transportsektors in den Medien weit verbreitet wurden, beobachtet Fluglinien, Eisenbahngesellschaften und Transportunternehmen für Gruntal.

Greg Groeller im Presseraum Chicago (312) 322-7299/br

Gedruckt mit Erlaubnis von Bloomberg L.P.